家在九江

佛山市南海区九江镇宣传文体旅游和教育办公室
南方日报佛山新闻部 编

南方日报出版社
NANFANG DAILY PRESS
中国·广州

图书在版编目（CIP）数据

家在九江 / 佛山市南海区九江镇宣传文体旅游和教育办公室，南方日报佛山新闻部编. -- 广州 : 南方日报出版社，2024. 11. -- ISBN 978-7-5491-2947-8

Ⅰ. K296.55

中国国家版本馆 CIP 数据核字第 2024JQ6952 号

JIA ZAI JIUJIANG
家在九江

编　　者：佛山市南海区九江镇宣传文体旅游和教育办公室　南方日报佛山新闻部
出版发行：南方日报出版社
地　　址：广州市广州大道中 289 号
出 版 人：周山丹
责任编辑：李　哲
装帧设计：肖晓文
责任技编：王　兰
责任校对：符文达
经　　销：全国新华书店
印　　刷：广东信源文化科技有限公司
开　　本：787mm×1092mm　1/16
印　　张：18
字　　数：180 千字
版　　次：2024 年 11 月第 1 版
印　　次：2024 年 11 月第 1 次印刷
定　　价：48.00 元

投稿热线：（020）87360640　读者热线：（020）87363865

《家在九江》编委会

总策划：罗淮东　陈捷生　房钰昕

策　划：朱敏华　赵　进　李森文

主　编：赵　越　魏　捷　吴淑玲　罗慧嫦

主　创：孙景锋　熊　程　黄艳姿　林洛峰
李慧君　李　欣　陈雪婷　黄子航
许健华　刘颖君

前　言

什么是九江？

乡村是无数人的精神寄托，乡土文化是民族文化的重要传承，乡村振兴是中国式现代化的坚实支撑，读懂乡土之上的时代变迁，才能更好地留住乡愁，拥抱未来。

城乡区域发展不平衡，是作为改革开放前沿阵地的广东实现高质量发展的最大短板。为了破解城乡二元结构，探寻城乡融合发展之道，努力把短板变成“潜力板”，佛山市、南海区被赋予了特殊使命，分别获批成为广东省城乡区域协调发展改革创新实验区和广东省城乡融合发展改革创新实验区。

如何处理好城与乡的关系，推动城乡区域协调发展，成为佛山、南海必须回答的“时代之问”。越是这个时候，我们越体会到乡土文化的时代价值。南海区九江镇，正是观察南粤大地乡土文化繁荣与城乡融合发展的鲜活镇域样本。

九江是典型的岭南水乡，西江、北江两大干流环绕，世界灌溉工程遗产桑园围贯穿全境，良好的生态基底孕育了深厚的历史文化，因而九江成为岭南文化的重要发源地之一。

近年，随着粤港澳大湾区的建设发展，九江凭借通江达海的优势，在经济取得快速发展的同时，传统文化也得到了更好的传承与活化，传统与现代在这里激荡，城与乡的差距在这里缩小，城产人文融合的图景在这里展开，九江成为珠江三角洲上一道平凡而又独特的风景。

仔细翻阅历史，九江的高光时刻远比人们想象的更多。在800年的发展历程中，九江几乎在每个阶段都孕育出一批优秀文化，一次次站在时代发展的潮头。一个小小的镇为何能爆发出如此大的能量？这背后有着怎样的支撑？

从地理上看，九江是西江奔流2000多公里后，在珠江口冲积而成的一片沃土，九江先民在这里围垦造田，繁衍生息；从历史上看，九江是中原耕读文化在岭南大地的优秀传承，诗书传家源远流长，儒学之风盛行；从文化上看，九江持续演绎着岭南传统文化，是佛山龙舟文化、酒文化、渔文化的代表；从开放发展看，九江是佛山最早“开眼看世界”的地方之一，九江乡亲遍布世界各地，形成独特的侨文化。

九江很小，95.25平方公里的面积，是南海最小的镇；九江又很大，广东有一个九江，海外还有一个由20多万侨胞组成的九江。九江很传统，数百年传承下来的水产养殖业至今仍是重要经济支柱，撑起了乡村繁荣；九江又很现代，是南海最早有客轮直通香港的地方，是改革开放最早发展起来的镇街之一。

为了更好地读懂九江，读懂新时代“乡土中国”的九江样本，为佛山、南海推动城乡均衡发展贡献经验，我们启动了“家在九江”——九江乡土文化调研，深入九江了解乡土民情，在中国式现代化的语境下挖掘一个独特的镇域范本。

我们从九江的地理构成切入，挖掘九江与水的关系，尤其是西江、北江两大干流如何塑造九江独特的地域性。

我们走进村居，从一条村的发展史看桑园围如何影响并塑造九江的乡土民情，展示这项世界灌溉工程遗产如何成为人与自然和谐共生的典范。

九江靠水吃水，数百年来孕育出发达的鱼花产业，我们关注九江人与鱼的故事，这条鱼如何从九江游向全国各地，渔业如何影响九江的风土文化。

桑基鱼塘带动了九江手工业的发展，这里成为历史上重要的贸易集散地。我们努力探寻在九江被称为“小广州”背后有着怎样的商业精神，商贸业如何奠定九江经济社会发展的殷实根基。

我们希望解决一些疑问，不产米的九江如何孕育出灿烂的酒文化，成为全国最重要的米酒基地，“九江水”又是如何跟随九江人传到世界各地，成为全球九江人共同的精神纽带。

九江有着“儒林乡”的美誉，我们探寻九江崇文尚学的风气是如何形成的，又如何延续至今，推动九江基础教育水平在南海名列前茅。

九江是首个“中国龙舟名镇”，我们深入九江龙舟队，了解九江龙舟文化的前世今生，以及龙舟如何成为九江人团结拼搏的精神图腾。

九江人跟随江河汇入大海，散布到世界各地。我们把目光放得更远，了解海内外乡亲如何用实际行动回馈家乡，形成独特的慈善文化和侨乡文化。

产业是九江的重要根基，我们走进产业园区和企业，了解九江产业发展的最新动向，传统家具产业与新兴产业如何共同支撑九江未来的更大发展。

最后我们对话不同的人，希望回答心中的疑问：什么是九江？对于不同的人，九江意味着什么？对于土生土长的九江人来说，这里是最亲切、最温暖的家园；对于外地人来说，这里是岭南文化的重要发源地，是岭南水乡的具象化呈现；对于港澳和海外乡亲来说，这里是他们共同的精神寄托，是挥之不去的乡愁。

通过调研，我们系统剖析九江历史发展脉络及背后的发展逻辑，并把调研成果结集成书。希望通过本书的出版，向世界展示一个不一样的九江。也希望读者透过本书，了解到一个更丰富、更有人文内涵、更精彩、更具韵味、更让人魂牵梦萦的岭南九江。

Jiujiang 南海·九江

目 录 CONTENTS

第一篇 江

第二篇 围

第三篇 渔

第四篇 商

目录 CONTENTS

上　江河塑造了九江的地理根基（梁平　摄）

左下　西江边的芦苇迎着晚霞和微风轻轻摆动（梁平　摄）

右下　海寿岛犹如西江上的一叶扁舟（梁平　摄）

左上　晨光照耀，西江外滩呈现出壮丽风景（梁平　摄）

右上　村民出资出力修缮的宗祠，成了上西新时代文化阵地（梁平　摄）

下　背靠桑园围，九江人拥有了自己的家园（关鸿华　摄）

左上　汛期来临，桑园围是保卫家园的坚固堡垒（梁平　摄）

右上　桑园围勾勒出陆地的轮廓，提供了滔滔江河与人类社会共存的解决方案（廖明璨　摄）

右下　伟大的不是桑园围，而是岭南人为了家园，生生不息的奋斗（梁平　摄）

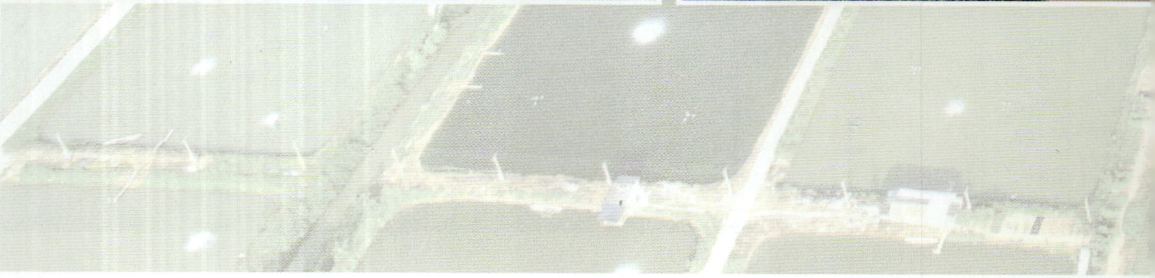

左上 每年丰收节九江养殖户通过捉塘底庆丰收（梁平 摄）

左下 年轻的“渔二代”开心捧起大鲩鱼（梁平 摄）

右上 北江公园的雕塑展示了九江人以渔为业的传统文化（九江宣办供图）

右下 数百年来渔业依然是九江人重要生计所系（九江宣办供图）

底图 改造后的南金村方格鱼塘整齐有致（梁平 摄）

左　不停歇的车流勾勒出小城的迷人夜色（梁兆林　摄）

右　近年九江迎来新的商业上升周期，城市面貌焕然一新（九江宣办供图）

左上　九江城区夜景（关勇文　摄）

左下　南鲲码头坐拥西江黄金水道（梁兆林　摄）

右上　傍晚的九江大桥灯火通明，一片繁华景象（梁兆林　摄）

右下　九江夜景图（陈志坤　摄）

源林西江湿地公园上空烟花璀璨（梁平　摄）

左下　西江边上举行的夕阳音乐会人山人海（梁平　摄）

右上　夕阳音乐会精彩瞬间（九江宣办供图）

右下　源林酒店是南海区西部最高的酒店（罗平强　摄）

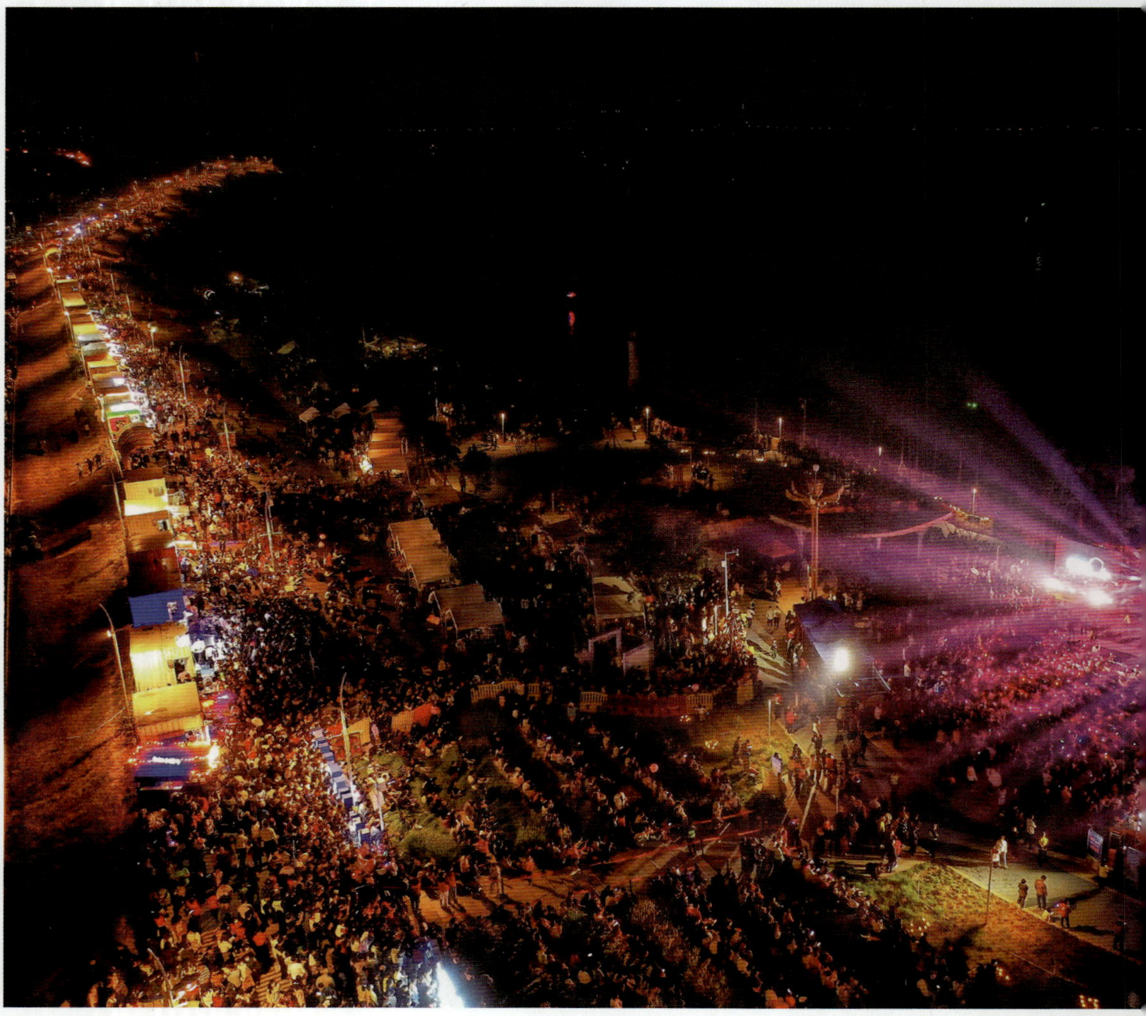

源林特约 · 国庆烟花音乐汇演专场
儒林湾夕阳
音乐会
SUNSET
CONCE

第一篇

江

上

江从何处来？

苏广元走过最远的路，是从西江的这边，到达西江的那边。

在2000多公里长的西江最宽阔的江段，他驾驶的渡船是连接九江镇与江中小岛海寿岛的唯一交通工具。早上5时到晚上9时，每趟1800米，每天往返36趟，他走了24年。

从海寿岛渡口顺流而下，6公里外的九江镇沙口公园边上，数十艘渔船肩并肩靠在岸边，跟随着波浪此起彼伏地舞动着身躯，矫若游龙。沙口社区2000多名居民仍有三分之一的渔民，古老的“水上人家”早已上岸，但靠江吃江的传统仍深深刻在基因里。

从地图上看，95.25平方公里的九江镇像一艘扬帆起航的船，西江、北江犹如两条手臂，将其紧紧环抱。

千百年来，大江大河不仅形塑了九江的地理根基，更融入九江人的生活，铸就了九江人独特的地域性格。

九江因江而名。江，从何处来？

大江

【如果梁华英有机会从九江出发，沿西江溯流而上，会发现这是一条名副其实的大江，无论地理空间上的辽阔，抑或沿途所滋养流域面积之宽广，都远超想象。】

昏暗的机舱内充斥着柴油味，发动机的咆哮声争先恐后地往耳里钻。

这是一艘核载318人、15辆小车、7辆大车的渡船，是江心小岛与陆地唯一的联系。作为“摆渡人”，苏广元熟悉船上的一切，日常渡船出现小故障，他都会自己动手排查维修，确保万无一失。

苏广元驾驶的渡船是连接九江镇与江中小岛海寿岛的唯一交通工具（廖明璨　摄）

每天清晨5点，首班渡船都会从海寿向北开往九江。作为土生土长的岛民，苏广元2000年进入渡口，1800米的航线每天跑36趟，寒来暑往，全年无休，每年的航程可以绕地球一圈，这让他成为最熟悉这片开阔水域的人。

从渡船二楼驾驶室向外眺望，阳光正好，辽阔的西江静水深流，和风吹拂，江水的鲜活气息让人心旷神怡。江上船来船往，一艘沙船溯流而上，巨大的船体被雪白的沙堆压得弯着腰，吃力前行。

比起苏广元工作的两点一线，56岁的疍家渔民梁华英与西江打交道的时间要更长。古老的“水上人家”以江为家，梁华英年轻时和丈夫出门捕鱼，常常一去就是十几天，偶尔靠岸买上一个星期的菜，其余时间都在船上度过。

从西江更下游的新会嫁到九江来，看着滔滔江水，她偶尔也会好奇，这条自己每天打交道的江，到底从何而来？

如果梁华英有机会从九江出发，沿西江溯流而上，会发现这是一条名副其实的大江，无论地理空间上的辽阔，抑或沿途所滋养流域面积之宽广，都远超想象。

九江，这个与水息息相关的名字，它的诞生与大江大河有着千丝万缕的关系。

云贵高原山峦起伏，像大海上一股股凝固的波涛，屹立天地间。发源于云南省沾益区马雄山上游的南盘江，穿越高山峡谷，蜿蜒前行，途经云南、贵州、广西，沿线雨量充沛，大小支流汇入，至梧州由桂江汇入后，始称西江。

西江进入广东省境内，再次得到贺江、罗定江和新兴江等主要支流补给，一路成长壮大，至三水思贤滘，与北江相通，豁然开朗。历经2000多公里跋涉，成为中国第三长河、第二大河——珠江的主干。

自思贤滘始，西江、北江进入下游珠江三角洲河网区内，河道纵横交错，主干水缓江阔，一路没受太多阻碍：北江自西北流向东南，在与西樵山擦肩而过后，流经沙头，一路向东，从广州番禺、南沙入海；西江则在鹤山遭遇大雁山阻拦，顺势拐了一个90度的弯，一路朝南，径流在珠海磨刀门汇入大海。

拐弯处，西江2000多公里河段中最宽阔的江湾于此形成，两岸相距3.8公里。在珠三角，很少可以看到如此壮阔的江景。

小城

【九江坐拥西北两江达22.5公里的江岸线，奠定了“大江小城”的空间格局。】

滔滔江水，塑造、影响着九江的一切。

千百万年来，西江、北江夹杂着巨量沙土奔流入海，展开一轮轰轰烈烈的“填海造陆”运动。在两大干流的冲刷下，珠江三角洲的海岸线不断南移，面积不断扩大，原来被海水阻隔的岛屿逐渐连成片，汪洋大海化身为南粤内陆的蛮荒之地。

九江的地理根基，在两大江河的持续补给中，孕育而生。但文明的形成，仍需岁月沉淀。

1000多年前，沙头先民率先从北江登陆，在沙丘滩围村造田，繁衍生息，以渔耕和饲蚕为业。

800年前，九江先民从南雄珠玑巷出发，乘排筏经浈江、北江顺流而下，流至九江境内大洋湾畔，江面风浪大作，排筏散破，搁在大洋湾浅滩上，便上岸结庐而居。

此时的天地是新鲜的。

地处大陆南端，九江呈典型的亚热带海洋性季风气候。太平洋季风带来充沛雨量，每年4—10月为洪水季节，5月下旬至10月上旬是台风活动频繁季节，风灾、水灾频仍，加上域内土地大部分为冲积平原，属河网低洼地带，并不适合耕作。

面对复杂多变的自然环境，九江先民并未屈服，随着中原移民的进一步涌入，九江先民联同周边乡民开始筑堤围垦，围越圈越大、越围越固，在与自然的竞争中开辟了一片天地。为了组织和实施这一浩大而繁杂的水利工程，地方村社和宗族也得到了很大发展。

自此，文明的种子在南粤大地落地生根，生生不息。

关于九江名字的由来有很多说法。一说是九江先民最初登陆时看到江边有9条河涌，于是命名为九江；也有说法认为九是一个概数，代表多的意思，九江因水网发达而得名。无论是哪种说法，都与水息息相关，江与水贯穿了九江的整个历史。

作为佛山少数同时有华南江河大动脉西江和北江流经的镇，九江坐拥西北两江达22.5公里的江岸线，奠定了“大江小城”的空间格局。

今天的九江，面积95.25平方公里，东部与顺德交界，南部与新会、鹤山相连，西部与高明、西岸隔西江相望，北部与西樵接壤，扼守佛山南大门。

25万人生活在这座“大江小城”之中，伴随潮水声作息工作、喜怒哀乐。

江的孩子

【因为有了大江，九江会给人带来松弛感，这是九江区别于其他地方很重要的特点。四川人徐敏在这里，联想到了家乡。】

九江人在改变江河轨迹的同时，也接受着江河的改造，形成了独一无二的地域特性。

从九江沙口社区服务中心出来，穿过文昌路，便来到了“孝恩亭”。亭子前面竖着一块斑驳的石碑，上书“破排角遗址”5个大字，碑上记录了公元1274年九江先民从这里登陆的故事，由于所乘竹筏在这里散破，因此命名为“破排角”。

800年沧海桑田，随着江岸线不断南移，如今的破排角早已远离江边，毗邻繁忙的沙口综合市场，周围车水马龙，看不到半点江河冲刷的痕迹。但西江给予九江人的馈赠，至今仍深刻影响着这条江边小渔村。

沙口位于九江大桥以东，紧邻西江边上，与鹤山的大雁山隔江相望。全村2000多人，仍有800多名渔民，他们靠水吃水，代代相传。

时值珠江流域休渔期，正是沙口渔民赋闲休整的时候，但梁华英闲不下来，她在旁边的码头找了一份清洁工作，业余时间会到渔船上来清理渔网，对船体进行保养维护。数十年的捕捞生涯，江与船早已成为她生活不可或缺的一部分。

大江大河不仅形塑了九江的地理根基，成为众多九江人生计所系，更以其宽广博大，塑造了一方水土性格，江河的喜怒哀乐也时刻影响着九江人的喜怒哀乐。

九江镇沙口社区，数十艘渔船肩并肩靠在岸边（廖明璨　摄）

勤劳而乐观，是九江人的性格底色。渔民靠天吃饭，不同时节要用不同的网捕捞不同的鱼，通常白天放网，晚上凌晨至半夜时分收网，一天只能休息四五个小时。但每次看到填满船舱的渔获，是梁华英最开心的事情。

和西江打了大半辈子交道，有苦有甜。梁华英始终认为，西江是自然给予九江人最好的礼物，无论世事如何变幻，大江大河都是九江人最重要的倚靠，而九江人是大江的孩子，“我们祖祖辈辈是这条江水养活的”。

从小就在江边长大，苏广元深知西江也有着自己的情绪。春季回南天，辽阔的江面白茫茫一片，能见度很低；春夏交际雨季来临，江面水位快速上涨，遇上刮风天，西江就像一头暴躁的猛兽，随时可能吞噬一切；秋冬季节水位下降，水流速度变慢，西江又变得温驯起来，给南来北往的船只带来便利。

对于江河的复杂多变，九江人早已习以为常，养成了乐观豁达的性格。当数十年一遇的洪峰来临时，比起紧张焦虑，更多九江人选择站到江堤上安全的位置，围观水位的上涨。

“外人”更能看清楚九江人特有的性格。“环境对人的影响很大，九江拥有两条大江大河，走在江边，人的思路也会变得开阔。”经营文化公司的四川自贡人徐敏，受邀对九江乡土文化进行调研。

她敏锐察觉到，大江大河对九江人地域性格的塑造发挥了重要作用。“宽阔、奔流的大江，塑造了九江特有的空间。这里视野开阔，站在九江很多地方，你的眼睛能看到很远很远，这跟佛山其他很多镇街有很大区别。这种有特点的自然空间，会潜移默化影响生活在这里的人。”

走近九江人之后，她发现，九江人身上有一种特殊的松弛感，让她联想到了四川人的精神面貌。“九江人也拼，但也懂得慢下来，他们热爱生活。这跟珠三角很多地方的人不一样，很有意思。”

大江大河塑造了九江人的性格，也开拓了他们的视野，让他们中的一部分人敢于冒险。从这里出发，九江人顺流而下，成为较早“开眼看世界”的一批人，20多万九江侨胞的足迹遍布世界。

西江、北江昼夜奔流不息，九江人与江河的故事仍在继续。

下 保卫"母亲河"

88岁的李宝满撑着竹竿，稳稳地站在自制的四方舟上。

小舟由一个塑料箱子和几块木板拼装而成，不过1平方米大小。每天，李宝满乘着小舟，漂在家旁边的河涌上，边打鱼边清理河涌垃圾，义务护河十几年。

九江外有两条大江环绕，镇内更是水网密布，大小河涌和数万亩鱼塘构成了岭南水乡最重要的脉络。九江人生于斯长于斯，江河水不仅融入九江人的生活，更流淌在他们的血液里，寄托着九江人的无尽乡愁。

九江人爱江、乐水。但在珠三角这样一个工业、人口高度密集的地方，守护这方清澈，又谈何容易？

让人惊讶的是，九江的水质，能长期位于佛山32个镇街前列。

熟悉这里的人会告诉你：不，这并不意外，这是九江人保卫"母亲河"的成果。

“漂亮的江河很多，但我要守着这条江”

【在李宝满眼中，九江的江宽广博大，九江的水清澈灵动，这是其他地方无法比拟的。】

对于自己驾驶四方舟的技术，李宝满颇为自信。

小小的四方舟非常讲究技巧，普通人很难驾驭，但他十几年来从未掉落过水里。“这船听我的话。”

这是一条珠江三角洲常见的小河涌，宽四五米，呈东西走向贯穿整个海寿岛，通过导引西江水为岛上的鱼塘和农作物提供活水之源。李宝满的家就在涌边，每天驾船到涌上抓鱼成为他几十年的习惯。

一次，在捕鱼过程中，他发现河涌的垃圾多了起来，既阻碍了小舟通行，也影响了水质。于是他习惯性地将河涌里漂浮的垃圾捡起来，一干就是十几年。他用这种最朴素的方式回馈养育自己的河流。

出生于1936年的李宝满与水有着天然的亲近感，故乡的江河贯穿了他整个人生。

青少年时期，物资匮乏粮食短缺，为了填饱肚子，十三四岁的他在干农活之余，常会跑到西江边上或者是岛上的水洼旁，用自己编织的麻网抓鱼。那时，九江的水之于他，是养育自己的母亲，帮他度过最困难的时候。

20岁那年，李宝满应征入伍，到了湖南长沙。退役后，他被分到株洲钢铁厂，那是人人羡慕的“铁饭碗”。但看着蜿蜒的湘江水，他常常会想起家乡那辽阔的西江。那时，九江的水之于他，是浓浓的乡愁，剪不断，理还乱。

湘江虽好，但非故园。

没过多久，李宝满就主动申请，回到了家乡，在海寿粮站工作，一干就是30多年。“漂亮的江河很多，但我要守着我们九江。”在海寿岛上有着他熟悉的一切，他如鱼得水。工作之余又捡起了老本行，在家旁边的小河涌下网抓鱼，成为他业余最大的乐趣。在他眼中，九江的江宽广博大，九江的水清澈灵动，这是其他地方无法比拟的。

近几年，李宝满发现河涌里的渔获无论是数量还是种类都较以前增加了，

位于西江上的海寿岛，是李宝满日思夜想的家园（梁平　摄）

认为这是环境变好带来的。“海寿岛被西江包裹着，岛上的水比其他地方的都要漂亮，鱼儿在这样的环境里长得快。”

九江人与水，总有说不完的故事。

在西江、北江的环抱下，九江全镇属于基水地貌，仅镇域南部的下西与南方社区内散落着少量的低矮丘陵。镇外有大江，镇内同样水网纵横交错，包括南北运河、东西运河、九江涌、九曲涌等主要河涌在内，8个水网27条内河涌沿着西江、北江深入九江，总长达242.73公里，加上4万多亩鱼塘星罗棋布，构成了一个完善而复杂的水生态系统。

生于斯、长于斯，九江人尝到水的甜头，但也一度面临来自水的困境。

20世纪八九十年代，随着工业化发展带动人口膨胀，污水排放与日俱增，和珠三角其他地方一样，九江迎来严峻的环境挑战。昔日清澈的河涌逐渐变得混浊，黑臭水体增多，河里的鱼群越来越少；陆地上的问题也向着两条大江延伸，过度捕捞带来了渔业资源减少，水质下降。

“母亲河”病了。

九江人痛定思痛，一场水环境保卫战悄然打响。

“她回来了，我们不可能再让她走”

【从云安归来，陈来宏有了机会，重新审视这片生育自己的土地。这里有着得天独厚的水土，是大自然给九江人最好的馈赠。】

说不清是从哪天开始，陈来宏发现，家门口的九江涌，鱼儿、石螺又回来了。后来，当他成为九江镇河长办主任后，他常常在脑海里回放九江水从清到污、再从污到清的过程。

作为九江镇境内的主要河涌，九江涌南起九江沙口船闸接西江，流经上东、南方、九江城区、下西、下北、新龙、梅圳、沙咀、敦根，至大同闸通向沙头水道，沟通南北两条大江，途经九江人口最密集的区域，让九江涌成为九江水环境的重要风向标。

和大多数九江人一样，家住九江城区儒林社区的陈来宏从小就在河涌的陪伴下长大。五六岁时，他在九江涌学会了游泳，那时候河水清澈见底，鱼群、虾群穿梭于绿油油的水草中。

变化，始于大量工厂的崛起。改革开放后，九江得水利之便，率先引入资金开启工业化进程，大批制衣厂、假发厂在城区扎根，吸引了大量外来人口，主城区人口密度空前膨胀，生产、生活污水横流，给环境带来前所未有的压力。

九江涌横贯主城区，首当其冲。最先消失的是对水质最为敏感的水草。慢慢地，成群结队的鱼虾消失了。再然后，水体变黑发臭，失去了昔日的光彩。

除了九江涌，九江境内240多公里的大小河涌均不同程度地受到环境污染的影响。

水环境治理，表象在水里，根源在岸上。陈来宏复盘时发现，当时的九江率先走出关键一步，改变了“村村点火”的模式，走上“园区化”之路。

为了缓解老城区的环境压力，21世纪初，九江建设了一批工业园区，让分散的工厂集中到园区，便于污水的收集处理。

但难度最大、最难啃的“硬骨头”，是生活污水。相对于工业污染，生活污水来源更分散多元，无法一蹴而就，需要以绣花功夫，构建起覆盖全镇的污水管网。

学习工程管理的潘信华2010年毕业后就来到九江，参与污水管网建设。他回忆，2008年前后，九江最早投入资金启动污水管网建设，至今累计投入近10亿元，建成镇截污主管网126公里，5个污水提升泵站和66座小型污水处理装置分散全镇。

近年，九江又率先推动雨污分流工程，累计投入4.58亿元，铺设排水管约300公里，基本实现截污村村覆盖、户户覆盖，污水不入河涌的目标。

在南海各镇街中，九江经济规模最小，财力并不占优，但始终愿意花真金白银保护水环境。

潘信华认为，一个重要的原因是九江人对水质有着特殊敏感。九江人擅长养鱼，水产养殖是很多人的收入来源，水质的好坏直接影响了鱼的生长。

而在陈来宏看来，水生态赋予九江人的价值，要比乡亲父老们想象的大得多。

他曾来到西江更上游的云浮市云安区，进行了长达4年多的扶贫工作。在云安富林和石城镇，他帮扶的几条贫困村位于高崇的山峦上，与九江有着截然不同的生活环境。由于缺乏经济来源，当地人曾经通过种植桉树等速生植物赚取收入，这又反过来破坏了环境，加剧水土流失。

从云安归来，陈来宏担任河长办主任，这让他有了机会，重新审视这片生育自己的土地。这里有着得天独厚的水土，是大自然给九江人最好的馈赠，这

九江的水质多次在佛山32个镇街中位列第一（梁平　摄）

也是九江人把环境保护刻在骨子里的原因。

九江人的努力也得到了回报。2020年，九江最后三条黑臭水体治理完成了验收工作，九江成为南海唯一没有黑臭水体的镇街。至今，九江的水环境质量蝉联佛山32个镇街第一位。

“她回来了，我们不可能再让她走。” 陈来宏说。

“你看，鱼儿比我们懂水”

【这是一件默默无闻、很难引起大众瞩目的事情，但又非常重要。】

如今，陈来宏坐船沿着河涌巡查，偶尔会有鱼跃进船里，以蓝刀鱼等本地常见鱼类居多；在烟南、河清等水质较好的涌段，常常看到大人带着小孩游泳，这让他想起自己的年少时光。

保卫“母亲河”，九江人不仅对岸上看得见的污水围追堵截，更对水里看不见的生态系统进行持续修复。

2024年3月，九江渔民迎来了第14个禁渔期，数以百计的渔船静静停靠在岸边，和江河一起休养生息。珠江禁渔期制度自2011年4月1日12时开始实施，是我国继海洋伏季休渔和长江春季禁渔之后，实施的又一项江河流域水产资源养护制度。

九江坐拥西江、北江两条大江的宽阔河段，水生生物资源非常丰富，自古以来就是鱼花（即鱼苗）的重要栖息地，在珠江流域的水生生物资源保护中扮演着重要角色。为了严格落实禁渔期，九江成立了江河渔业资源保护志愿服务队，不断强化珠江生物资源保护。

鲜为人知的是，为了更好保护、保存西江、北江鱼群资源，九江还联动水产企业、科研院所，针对区域特点以及珠江水系土著鱼类资源养护现状，系统构建九江规模最大、淡水渔业物种数量最多的生物群体资源保存库，收集和保存九江不同流域、不同养殖区域重要的淡水渔业生物群体资源。

这是一件默默无闻、很难引起大众瞩目，但又非常重要的事情。淡水渔业种质资源保存库的建设将实现九江渔业生物群体资源样本与数据共享与利用，为九江淡水渔业生物群体保存、种质利用和淡水渔业发展提供基础技术支撑。

保护江河生态系统，九江不仅做减法，更懂得做加法，通过增殖放流，持续提升天然水域主要经济鱼种的种群数量和质量。

增殖放流，就是用人工方式向海洋、江河、湖泊等公共水域放流水生生物苗种或亲体的活动，是养护水生物最直接、最有效的手段之一。南海区自1983年以来，每年开展江河增殖放流活动，累计投放各类鱼苗超11亿尾，九江是增殖放流的主要阵地，每年向江河投放成百上千万尾青鱼苗、土鲮鱼苗、光倒刺鲃苗等经济鱼种和特色鱼种。

一条条鱼苗承载着九江人改善环境的美好愿望，游向滔滔大江，使西江、北江的水生生物资源条件和水生态环境得到巨大改善。

2020年，珠江水利委员会珠江水利科学研究院牵头，首次对西江流域进行为期四年的全面系统“体检”。考察发现，西江流域作为我国鱼类多样性最丰富的地区之一，鱼类种类数由上游至口门处呈递增趋势。其中，在河口区域累计鉴定鱼类100余种，包括发现8个大型底栖动物和鱼类新种，还有15种为疑似新种。

在九江，近年发现过重约30斤的国家二级重点保护野生动物斑鳠（俗称“西江鲋”），显示九江河段原有的物种正有序恢复，江河资源更加丰富、更加原生态。

江河无言，对于人类的保护，总是给予最无私的馈赠。

“你看，鱼儿比我们懂水。实施禁渔后不仅没减少，还变多了。”九江渔民梁华英以水为生，和很多渔民一样，她最初对于实施禁渔也有所抱怨，担心影响生计。但从实际效果看，禁渔带来了生态环境修复，江河继续以自己的方式哺育着这片土地上的人。

大江大河不仅滋养了九江，更滋养了整个珠三角。今天的九江周围有多个取水口，供应粤港澳大湾区。

守护好这一片江河，就是守护好数千万人的一口食水，就是守护好珠三角一道重要的生态屏障。

见证了大半个世纪风雨，李宝满始终像个孩子一样，依偎在故乡的江河边上。

他坚信，一定会有人“接棒”，像他一样继续守护故乡的江河。

人物口述

无论何时，西江都是最大依靠

“西江千载鱼米香，九江水乡人情长，七月出海捕鱼去啊……”这首咸水歌虽然已经唱过无数遍，但每次吟唱，梁华英脑海中都会浮现出辽阔的西江，浮现出满载而归的喜悦。

九江因江而名，江河对九江的重要性，没人比这里的渔民更清楚。梁华英20多岁嫁到了九江，成为一名疍家渔民。在与江河打交道的无数个日夜中，江河成为她的生计所系，也填满了她的喜怒哀乐。

江河如何塑造了她的生活？以下是梁华英的自述：

江河把一切都安排好了

我是江门新会人，出生在西江边上的一条村子。村里很多人都以捕鱼为生，但我从小到大都没有真正捕过鱼。

西江水自西北往东南流入大海，九江位于我们的上游，当地渔民为了追逐鱼群，偶尔会跑到村里来，一来二往大家混了个脸熟，一直保持着相互通婚的传统。

1990年，我22岁，父母和九江来的渔民相互撮合，于是我便嫁到沙口来，成了九江媳妇。

沙口是一条疍家渔村，世世代代以捕鱼为生，我也入乡随俗，成为一名渔民，过上了靠江吃饭的日子。

作为古老的“水上人家”，疍家渔民自古以来都在水上漂泊，很少上岸。到了我们这代人，渔民都陆续上了岸，但以水为家的传统仍然刻在骨子里。

西江很辽阔，就像茫茫大海，本地人把江叫作海，到江上捕鱼叫出海。年轻时我和丈夫一起出海捕鱼，常常一去就是十几天，往上游到过高明、西樵太平一带，向下游则去到我的老家新会。

渔民的生活远比想象的艰辛。渔船长不过三五米，宽不到两米，吃喝拉撒都在船上，偶尔靠岸买上一星期的菜，其余时间都在船上度过。到了夏天，江上热气蒸腾，船上甲板被晒到烫脚。

出门打鱼不分日夜，每天放一次网，放网时要根据不同水位、流速来找到最佳时机，没有定时。通常是下午放网，等晚上涨潮时收网，分拣渔获。到了白天，再把渔网挂起来，清理上面的垃圾，为下一次放网做准备。日复一日，忙的时候每天只能睡三五个小时。

江上生活不仅艰辛，还充满危险。最常见的危险来自雷雨季节，岭南天气变幻无常，江上的风雨往往比岸上来得要急，无遮无拦，打鱼要懂得随机应变，很远看到乌云来就要快速收网靠岸。

有一次，江上狂风大作，暴雨来得很快，我们还没来得及靠岸，整个天就黑了下来，是伸手不见五指的黑。没办法只能把网绑在船上，很快豆大的雨水就噼里啪啦打在江上，渔船没有任何依靠，随风飘摇。

在江上，船篷被吹走是常有的事。印象最深的是1994年，一场龙卷风突然来袭，我们的船在高明附近顺利靠岸，但在对岸的船只就没那么幸运，很多船顶被直接卷走，一些船甚至翻到岸上。

虽然如此，对渔民来说，西江依然是养育自己的父母，不同时节会带来不同渔获。三四月是黄鱼的黄金期，七八月边鱼、白饭鱼比较多，到了十月后就可以钓鲈鱼、下虾笼。不同时节需要用不同的网拿不同的鱼，江河把一切都安排好了。

只要能动就会坚持出海

近年来，随着珠江流域禁渔期制度的实施，渔民的生活也发生了很大变化。最初大家都不理解，担心生计没法保障，禁渔期间也不知道可以做啥。但十几年过去，大家也慢慢发现，禁渔是为了让江河和人得到休养生息，从而带来新的回报。

最明显的是禁渔后每年的渔获并没有明显减少。以前我们两夫妻在江上忙碌一天，可能只收获二三十斤鱼，收入一两百元钱。现在禁渔期结束后的7月，一网下去可能就有上千斤，多的时候一天可以赚2000多元。

此外，休渔期间渔民也有了时间去打工补贴家用。我在附近的码头找了一份清洁工作，每月也能有2800元钱的收入，无论生活还是收入都比以前更稳定。

眨眼间嫁到九江来已有34个年头，儿子今年32岁。按照规定，到了60岁渔民就可以把捕捞执照转给子女，但现在的年轻人与江不像我们那么亲近了。

儿子刚出生时跟着我们在船上生活了一段时间，后来到了读书的年纪，就跟着爷爷奶奶在岸上过，再也没有出过海，一直到现在。

年轻人有自己的活法，如果能有一份稳定的工作，我们也不想他那么辛苦。做渔民要挨得住劳累，懒的人吃不了这碗饭，无论做什么行业都是有人行，有人不行的。

现在沙口江上打鱼的还是我们这个年纪的为主，年纪大的有70多岁仍在坚持出海，年纪小的也有三四十岁，都是成家后组成的夫妻档。虽然年轻人越来越少，但疍家渔文化不会消失，我也没有退休的计划。

这么多年来，出海捕鱼已经成为生活的一种习惯，现在只要有时间就会出海。看到满仓的渔获，依然是最开心的事情。

打工打不了一辈子，对渔民来说，江河永远是最大的依靠，只要还能动，我就会继续出海捕鱼。

百万张照片里的热爱

一年十万张，十年超百万张照片，这是梁平按下的快门次数，也是他对九江热爱的证明。

南海九江因江而名，西江和北江不仅塑造了其地理轮廓，更滋养了这片土地上的人，成为梁平记录九江的重要窗口。从波光粼粼到渔舟唱晚，从晨曦初露到夕阳西下，梁平见证了九江江河的每一个晨昏与四季更迭，用镜头捕捉这座小城的动人瞬间。

除了江河之美，梁平还记录下了九江人的生活与故事。渔民们的勤劳与智慧、湿地公园的生态和谐、旧码头的历史沉淀……这些元素共同构成了九江独特的文化景观，也让这座岭南水乡更加生动与立体。

江河之于九江是一种情怀、一种乡愁，梁平希望用镜头让这些美好流传下去。以下是他的讲述：

大江大河让我看到不一样的九江

1995年，大学毕业后我被分派到九江河清中学教书，成为一名语文老师。工作第一个月800多元工资，我全部用来买了第一台理光相机。透过相机镜头能让我看到不一样的世界，这种感觉很奇妙，于是在工作之余我把全部精力就投入摄影上。

最初的摄影以记录生活为主，1998年我在儒林中学里担任团委书记，每次团委搞活动我就会用相机记录下来。而真正开始记录九江，要到十多年后，我从九江儒林中学被抽调到镇机关参与宣传工作，一干就是十年。为了更好地传播九江形象，这十年时间里，九江大大小小的活动，我都会背上相机去记录，这成了一种习惯。

九江最吸引我的是这里的江河。和我的家乡茂名信宜钱排镇被大山环绕不同，九江被两条大江环绕，视野非常开阔，但我花了很长时间，才意识到这种差异对九江意味着什么。

最初接触西江是因为教学需要，每到周末我就会带领学生来到江边采风写作。夕阳西下，江中船来船往，看着归航逐渐消失在目光深处，我真切体会到“孤帆远影碧空尽”的意境。

后来我调到儒林中学教书，离西江更进了一步。课余时间，我喜欢登上教学楼顶，凭栏眺望，第一次看到西江的全貌，两座江心岛像两条互相嬉戏的鱼，壮美景观让人着迷。

后来我到了镇政府工作，与西江只隔了一条马路，这条大江成为每天最熟悉的风景。看着太阳从江上升起又落下，我意识到这样的景致是九江独有的，是宣传九江最好的名片。

无人机的出现为记录九江的大江大河提供了全新视角。2017年，我成为一名“飞手”，第一次操控无人机很紧张，我来到江边，小心翼翼地按下升空键，调整镜头角度，按下了快门，拍下了第一张西江的鸟瞰图，感受那份前所未有的震撼与辽阔，从此一发而不可收。

透过无人机镜头观察西江，以往在课本上学到的形成江河辽阔的词汇都有了具体指向，九江的江河不仅成为我最好的模特，也成为我深入了解这方水土、这片土地上的人的窗口。

越是记录　越是深爱

这些年我每年给九江拍的照片大约有十万张，十年下来就有一百万张，装满了十多个硬盘。几乎一有时间我就会到江边来采风。

印象最深的是一张从西江中央俯瞰整个九江的全景图，拍摄于2023年8月。此前一天晚上，我专门查了“莉景天气”App，第二天出现朝霞的概率超过60%。于是我清晨5点多就来到江边，操控无人机一直飞到海寿岛上空。

6点左右，东边的云透出一丝蓝调，慢慢变得金黄，我调整好无人机的角度，点进180度全景模式，在阳光透出云层的瞬间，按下快门。迎着清朗的天空，我预感到这组图片会有很好的效果，急匆匆地跑回家，把照片导出来。

当看到照片的一刹那，我被九江的美景惊艳到了，西江环绕下的九江，沐浴在朝阳中，铺上了一层金黄色的轻纱，这大概就是我梦里一直想拍到的照片吧。如今，这张图已经成为九江重要的形象宣传载体，也有人开玩笑说，这张照片吸引了很多人到九江来买房和工作。能够得到这么多人的认同，是摄影带给我的最大乐趣。

九江的江河拍得越多，我就越着迷，发现九江的江景格外开阔，这不仅因为这里有西江最宽阔的河段，还因为周围都是平坦的三角洲地带，视野不受遮挡，可以看到很远的地方。这种开阔性一定也塑造了九江人的性格。

不同季节九江的江水会有不同色调，春天的西江有点泛绿，生机盎然；夏天汛期变黄变急，充满野性；到了秋高气爽时，又变得湛蓝清澈。每个季节有每个季节的美。

同样吸引我的还有生活在这里的人。九江人世世代代与江河打交道，比任何人都更了解江河的习性，江上的捕鱼人成了我记录的主角，每年7月1日禁渔期结束，我都会到海寿岛拍摄渔民捕鱼的盛况。本地渔民只要用自制的鱼笼，就能拥有丰富渔获。他们说水里的鱼都有自己的鱼路，只有本地人才掌握规律。渔民在原始的生活状态中养成乐天知命的性格，江河的馈赠让他们脸上总是溢满灿烂的笑容。

近年随着环境保护的加强，岸边的滩涂地陆续建起了湿地公园，九江的环境也变得更好。最明显的变化是前来觅食的鹭鸟越来越多，捕捉它们捕鱼的场景成为新的乐趣。

九江的江河还有很多值得记录的地方，譬如江边的旧码头、开花最晚的木棉树等，这些都是九江独有的景致，寄托着九江人的乡愁。

来九江近30年，从青涩的青年到知天命之年，我已经深深爱上了这座小城，未来会继续去记录，去分享，让更多人看到九江的美丽与魅力，也希望激发更多人对九江的关注和热爱，共同守护这片充满生命力的土地。

第二篇

围

上

桑园围里是家园

守在雨夜的大堤上，关剑荣的思绪偶尔会穿越到几百年前：先辈们是怎么想到建这样一条围的？

从小在西江边上长大的关剑荣，是桑园围九江段的巡堤员。他的职责，就是每天对33.7公里的堤围进行巡查养护，24小时随叫随到。他的身后，就是被桑园围守护了近千年的九江。

北宋末年，先民们在生存的压力下开始了桑园围的建设。他们一定未曾想到，一个横跨数个朝代的宏伟工程由此开端，最终形成了中国古代最庞大的基围水利工程。

人在自然面前是渺小的，但一代又一代人的努力，却可以改天换地。背靠桑园围，九江人真正拥有了属于自己的家园。这不是一蹴而就的奇迹，而是一场长达千年的持久战。

千年的守护

【九江身处两江之间，桑园围勾勒出它的轮廓，划出了江河与人们栖息繁衍之地的界线。】

又是一个汛期。关剑荣一次又一次走在大堤上，就像父辈乃至更早的祖辈一样。

细雨几乎是在瞬间就转换成暴雨，风雨之中，远处人家的灯火已经看不清楚。

关剑荣充满警惕，但却并不焦虑，因为他能感到，脚下的堤围始终宽阔、坚实、可靠。这种感觉，让他不时回想起自己还是一个孩子的时候。

从关剑荣记事起，横亘在家与西江之间的堤围就成为他生活中不可缺少的一部分。儿时，他总和玩伴在堤围上玩耍，偶尔会下到西江边上戏水，那时的江堤是他快乐的源泉。

在他的记忆里，不乏叔叔伯伯在堤围上巡查的场景，但当时的他根本不明白，古老的桑园围到底在自己家乡中扮演了什么角色。

直到他毕业后回到家乡，从事水利工作，重新了解九江的治水史，才发现桑园围之于九江的意义，要远超自己想象。

桑园围温和、缄默，像是孩子们的游乐场；但当汛期来临，水位不断浸没刻度尺，水与堤不停碰撞发出咆哮声时，这个传承千年的水利工程，才会向九江人展现其不可替代的重要性。

从卫星图上俯瞰珠三角，在其西翼距离入海口不远的地方，桑园围形似一艘巨轮。南海、顺德的多个镇街，身处西江、北江之间，由桑园围勾勒出陆地的轮廓，提供了滔滔江河与人类社会共存的解决方案。

作为一个由围堤、河涌水系、窦闸控制工程等构成的复杂系统，桑园围内居住人口数十万，历史上因种植大片桑树而得名。大堤九江段长33.7公里，超过围堤总长的一半。九江几乎全境位于围内，占据围区约三分之一面积，桑园围也奠定了九江最重要的地理基底。

防洪，向江水要一块属于人类的地盘，是桑园围最大的使命。

奔腾千里的西江、北江，把宽阔的江面留给了九江。在南方的暴雨里，这个地处江边的小城镇往往面临巨大的考验。

尽管现代化的建设，已经让九江的防汛手段超过了先民的努力，但面对变幻莫测的大自然，今天的九江人仍然绷紧了神经。

关剑荣难以忘却，一次汛期中堤围出现风险，上百人经过一天一夜的紧张作业，这个危机才顺利解除。“古代没有我们的技术条件，老祖宗们不容易。”在那次风险之后，关剑荣常常会感慨，九江的先祖们，是在一个怎样的条件下建设、维护桑园围，以及这件事的艰难和伟大。

70多岁的何锦洪见识过更刻骨铭心的场面。

何锦洪所在的北村社区位于九江最北面，紧邻北江。20世纪60年代，一次历史级别的洪峰来临，他和所有乡亲一起到堤上参与巡查，用沙包加固堤围。

当时，在水位最高时，整个北江就像一个巨大的池塘，水位不断漫上围顶，蹲在堤围上就可以直接洗手。而在他身后，连片的房屋和良田远低于水平面。

“那时，我们真的感谢桑园围。其实真正来说，是感谢我们的祖先，能留给我们这样的遗产。”何锦洪说。

背靠桑园围，九江人真正拥有了属于自己的家园（梁平　摄）

谁创造了桑园围

【何锦洪曾经读过《桑园围志》。这部书并不是从宋代讲起，而是首先介绍了明代的九江乡绅陈博民。】

暴雨来得快，去得也快。家住九江北村的何锦洪一家没有受到任何影响。

北村位于九江防御北江洪水的第一线，出生于1949年的何锦洪生于兹长于兹，亲身经历过无数次九江人依靠桑园围保护家园的场面。

“现在上桑园围，都是水泥路，我们当时不敢想。”闭上眼睛，过去的日子常常浮现在何锦洪的眼前。

年轻时他每天背着竹篓，挽着裤脚，沿着桑园围大堤走上好几公里，到达西樵山脚砍猪草。防洪时物资不够，乡亲们还会把香蕉树砍掉、老砖房推掉，用作固堤材料。

如今他再到堤坝上散步，已经看不到当年的影子，堤坝更高、更宽、更牢固了，不但人可以走，汽车也能上。

这只是桑园围千年历史上的一点小变化。从无到有，从分散到打通，从开口围到闭口围，一次次修缮乃至决堤重修，造就了今天人们所见到的桑园围，也见证了九江人在这片土地上生生不息的奋斗史。

伟大的不是桑园围，而是岭南人为了家园，生生不息的奋斗。

桑园围正式始建于北宋。在那之前，苏东坡已经来过岭南，尝试了“日啖荔枝三百颗”的生活。

也是在这一时期，珠三角进入了快速开发阶段。包括北村在内，当时的九江沙头片区已有中原移民的迁入，也对治水、用水有着越来越高的需求。

一项延绵千年的工程由此开始。宋徽宗崇宁、大观年间，广南路宪张朝栋路过九江，目睹洪水暴发带来的破坏，“抵省后，即谕县传集里民，筹建基堤，以防水患”，成为桑园围大规模修筑的开端。

“从南宋移民至此开始，我们历代有许多祖先带领族人和民众参与了桑园围修筑，还把山西祖先的运城盐湖、阳城蚕桑经验带到了桑园围。”九江关树德堂世界宗亲会秘书长关志均经常跟年轻人讲述这段历史。其后几百年，越来越多中原移民参与到九江开发中，成为桑园围的建设者。

宋朝的风吹拂过桑园围，明朝的日头晒过桑园围，清朝的雨考验过桑园围，无数关于智慧和勇气的故事在此间发生。

何锦洪曾读过《桑园围志》，这部书中，明代九江乡绅陈博民的事迹尤其令人印象深刻。相传陈博民曾赴京上书，建议修缮桑园围，面见明太祖朱元璋并受到嘉奖。回来后，陈博民联合龙江等地的乡民筑塞倒流港，使桑园围在历史上首次完成合围。因为有这样重大的贡献，所以陈博民在《九江镇志》中，排在人物类的第一个。

明清时期，桑园围继续在九江人的推动下发展，形成了沿江有堤、河涌有围、围内有排灌沟渠的基围灌排工程体系，为珠三角最大基围。1951年，南顺桑园围管理处在九江设立。1953年，桑园围与樵北大围融为一体。如今的樵桑联围，仍是广东十大重要堤围之一。

不论在中国还是世界任何地方，一项持续千年的工程都不多见。一代一代的九江人，在不断建设桑园围的同时，也在审视着桑园围。这里的一段段堤围、一条条河涌，与其说是一项水利工程，不如说是九江人的骨骼与血脉。

关志均常讲一个观点：如果没有桑园围就没有今天的九江，但更重要的是，没有九江人的努力，就不可能有这样的桑园围。

历史有兴衰，朝代有更替，但九江人始终生活在桑园围，建设着桑园围。如果说桑园围是九江的摇篮，那么也可以说，这个摇篮是九江人亲手创造的。

另一个“都江堰”

【如果桑园围在上千年的时间线上从未存在，珠三角地区的发展可能会是另外一个版本。】

在神州大地上，从来不乏驯服水、驾驭水的故事。每项水利工程里的刚柔并济、收放自如，人与自然和谐共处，都是中国人最传统的智慧与态度。

看着江水与大堤的碰撞，关志均有时会联想到千里之外、名气更大的都江堰。

两千多年前的长江上游，蜀郡太守李冰面对岷江水患，根据山势水脉特点和成都平原地貌，组织人民修建了都江堰。后经历代维修管理，都江堰成为举世闻名的文化遗产。

如今提起四川，没人不知道都江堰；但相比之下，提到珠三角，还有很多人不知道桑园围。

跟都江堰造就的天府之国相比，明清以来的岭南在中国经济的版图中扮演着日益重要的角色。千年桑园围所体现的人文精神，也如都江堰影响了四川人的气质一样，成为岭南文明的重要组成部分。如果桑园围在上千年的时间线上从未存在，珠三角地区的发展可能会是另外一个版本。从这个层面上说，桑园围对世界的贡献，并不亚于都江堰。

有人认为，两个工程“名气”上有差别，除了都江堰建成更早之外，主要原因之一很可能源于具体形态上的差别。与都江堰不同，桑园围不是那种一眼就能看明白的壮观工程，缺少那种震撼人心的视觉震撼。历代文人墨客对都江堰的歌颂，也远高于桑园围享受到的赞誉。

无论前因如何，世界终究看到了桑园围。2020年12月8日，国际灌溉排水委员会第71届国际执行理事会举行线上会议，公布第七批世界灌溉工程遗产名录，桑园围成功入选，成为广东首个世界灌溉工程遗产。这不仅意味着桑园围与都江堰、尼罗河水坝等更早闻名的灌溉工程站在了一起，更意味着珠三角的文明开垦历史、人与自然和谐共生的经验得到全世界认识与肯定。同年，广东省文化和旅游厅公布了第一批广东省历史文化游径名单，桑园围历史文化游径上榜。

国际灌溉排水委员会副主席、中国国家灌溉排水委员会常务副秘书长丁昆仑认为：“桑园围是一项规模宏大的古代水利工程，对现代开展灌溉排水工程仍具有重要的意义。”

中国水利学会水利史研究会秘书长李云鹏的评价是，桑园围的建设，开启了珠三角地区社会经济与人口快速发展的历程，具有里程碑意义。

与世界遗产相关联，是这个小镇从未有过，也从未想过的荣耀。今天的九

桑园围里，政府与百姓相互配合，共同承担水利事务，积极兴办文教，实现治水与治乡的有机融合（梁平　摄）

江人已经越来越意识到桑园围的可贵。发现桑园围、传承桑园围，越来越多来自基层、民间的工作不断展开，希望让桑园围文化得到更多关注。

九江是著名的侨乡，如今九江人已经遍布世界各地，但他们始终没有忘记桑园围，并把桑园围的故事讲给生长在异国的下一代，那是关于江水、堤围、和故乡的奋斗史。

而更多人坚守在家乡，守着桑园围。

就像自己小时候总爱到堤上玩一样，关剑荣五岁的儿子如今也喜欢坐上摩托车后座，跟着他一起巡堤。沐浴着江风，关剑荣对未来无限憧憬：等儿子再长大点，自己会从桑园围开始，教他认字，给他讲解关于桑园围的故事，就像九江的祖祖辈辈一样。

下 穿越千年的遗产

“你可能觉得，九江人多少有点风轻云淡，但实际上我们最深处的性格，比这复杂得多。”

站在桑园围惠民窦遗址上，陈品良仿佛看到了千百年来九江先民并肩抗击水患的身影。“齐头并肩，战天斗地，才是九江人老祖宗的性格。”

外界眼中的桑园围，是一个世界灌溉工程遗产；但其对“当事人”来说，桑园围的意义又从来不只是灌溉。

“沧海桑田”，应该是一个专属于九江人的词语。

一代代九江人，从战胜水到善用水，从各自为政到守望相助，从顺势而“围”到繁华的农商业文明，他们参与建造、改变了桑园围，也在这个过程中塑造了自己。

敢死而知进退、爱家而甘心奉献、兴农而能聚财——这是桑园围带给九江，也带给世界的精神遗产。

先祖南下，到此战天斗地

【九江的江天里，自有一种闲适的氛围，九江人也似乎有一种舒缓的性格。但外界不知道的是，九江人身体里其实流淌的是战天斗地、守护家园的豪情和血脉。】

陈品良喜欢骑着电动车行驶在大堤上。一边，江面宽阔沉稳；一边，良田与房屋成片。

似乎，从来都是岁月静好。

“现代人想象不到，我们的祖先仅仅为了生存，就要付出巨大的努力。”陈品良说，“但他们几百、上千年也没有放弃。”

考古发现显示，石器时代，九江一带已经是有浅水海湾的沼泽平原，那时的先民们曾跟汹涌的大海打交道。

随着海岸线外移，江水代替海水，农耕文明的基础条件逐渐具备。桑园围正式兴起以前，九江先民就展示出对良好生存环境的渴望，修建一些小型堤围来保护农田。

而包括陈品良在内，今天的大部分九江人都是中原移民的后代。唐朝中后期开始，大量百姓迁居岭南。经南雄珠玑巷中转后，一批又一批先民穿越大江大河，最终在九江落脚。

农耕时代，土地是生存的根本。面对水多地少的困局，“初来乍到”的九江人，繁衍生息的九江人，必须大规模修筑堤围。修起来的不是堤围，而是生存的希望；挡起来的不是江水，而是大自然的不确定性。

在九江最北端的北村，曾参与村史编写的何锦洪常一个人站在北江大堤上，想象撑着竹排的先祖们是如何从江西出发，沿着北江一路穿越风浪，安家于此，直到参与桑园围前身之一河澎围的修筑。

在何锦洪代代相传的家族记忆中，“这里最早是滩涂，不是陆地，没人能想到后来会成为一个耕读名村。”

在九江最南端的破排角，每年关树德堂世界宗亲会秘书长关志均都会和族人一起，参加盛大的关氏秋祭活动。南宋时，他们来自山西运城的先祖沿北江转西江南下，到这里后因风浪排破而登陆定居。

这个故事包含一个暗示：竹排在水上一路畅行无阻，却在这里被拦下，因为九江有一种可以与江水抗衡的力量。

从此，一个与天斗、与地斗、建设家园的故事开始了，直至千百年后。

今天的九江，水，滋养万物；围，守护万民。

从高楼林立的万亿元级城市广州、佛山中心走到九江之后，很多外地人能不约而同地感受到，九江的江天里，自有一种闲适的氛围，九江人也似乎有一种舒缓的性格，有别于“为钱奔忙”的地方。

但他们不知道，九江人身体里，其实流淌的是战天斗地、守护家园的豪情和血脉。

当然，当年战天斗地的心气，此后匹配了更高超的手段。一代代先民，或筑大围或修子围或疏河道或建窦闸，在强势控制江水的基础上，寻求与大自然的相处之道。

在漫长的岁月里，九江人学会了跟水打交道，他们的手段，刚柔并济、张

今天的九江，水，滋养万物（廖明璨　摄）

弛有度，收放自如，称得上人与自然和谐共处的典型。

陈品良能在历史上找到很多例子，“九江人，敢于拼，也懂进退。”

并肩向前，何分大家小家

【桑园围里藏着每个九江人的大我。这种区域性格不是天上掉下来的，而是在并肩向前的斗争中形成的。】

人与人之间的连接，总是十分奇妙。

关志均常与老友聊起，他们当年如何共同参与桑园围修缮，如何在洪水泛滥时去堤上扛沙包。每讲到兴处，他都忍不住跟老友们拍案叫绝。

对关志均来说，桑园围里有他最炽热的情怀。但最让他感动的，不是他们曾多么牛气，而是当他们冒着生命危险站上大堤时，人人都不再是单独的个体，而是化小我为大我，与桑园围内的所有人乃至故去的先辈们融为了一体。

菲利普·鲍尔在《水：中国文化的地理密码》中强调：水的管理、控制和获取模式一直在塑造着这个国家。他的观点不一定确切，但对于理解桑园围内九江人的精神气质，极具启发性。

千百年里，九江人与人之间密不可分的情感连接，乃至乡村善治的形成，桑园围是最核心的纽带。也可以说，桑园围里藏着每个九江人的大我。这种区域性格不是天生掉下来的，而是在并肩向前的斗争中形成的。

桑园围建设之初，完全依循山川形势而建，主要在上游筑堤，这样即可防洪，下游不必防洪，还要留下缺口以防涝，但后来逐渐出现倒灌现象。明洪武年间，陈博民率众筑塞倒流港，解决了这个难题。

几百年时光一晃而过。

1998年，樵桑联围荷村水闸决口，陈博民创造的“载石沉船法”再次奏效。九江人感念其遗泽，发起了一场寻访陈博民墓的活动。

老百姓怀念陈博民，其在工程上的贡献仅是表面。更重要的原因在于，其率众筑塞倒流港，首次凝聚起了桑园围区域内的共同体意识。

“宋元时期，岭南治水社会雏形初成，治水组织比较松散。洪武年间，筑塞倒流港标志着桑园围治水社会开始迈出雏形而有所发展。”华南农业大学历史系教授吴建新认为，陈博民给后代树立了一个“合围通修”的榜样，是“治水社会”形成的一个重要标志。

在桑园围里，堤坝、窦闸、河涌、鱼塘环环相扣，你中有我，我中有你。官府与乡绅、百姓相互配合，共同承担水利事务，积极兴办文教，实现治水与治乡的有机融合。

桑园围一旦有事，九江人总是有钱出钱，有力出力。陈品良在研究中发现，1914年、1915年的桑园围连续遭遇水灾后，九江堡乡人捐款最多，旅港九江人岑伯铭捐出巨款，任南顺桑园围修基总理。

历史上，像岑伯铭这样的人数不胜数。如今，遇到汛期需要守围时，九江人也是所有村出动，并不限于临江有堤的村。关志均说，桑园围需要陈博民这样的“超级英雄”，更需要无数个能够在危急时勇敢站出来的普通人。

时间发展到现代，九江人在桑园围上守望相助的传统，已经滋养形成了乐善文化。在佛山，这里的慈善氛围闻名一方。

“一荣俱荣，一损俱损，九江人有这样的大局观、责任感。”在九江镇政府，很多来自外地的工作人员，对此有所公论。

聚水兴财，终能经世济民

【千年桑园围，作为一个牢固但不封闭的系统，通过一道道窦闸，把江水、船只引入到九江大涌、九曲涌等围内河涌。窦闸上多建桥梁、码头，成为人流汇聚之地，大谷市等无数个市场也就自然发育而成。】

九江一座偏僻的石桥边，不起眼的小店外，“正宗大谷叉烧”的招牌简陋但醒目，老板陈标成在店里忙活不停。

如果不先做攻略，谁也想不到这里是最正宗的九江叉烧店。这座石桥，也并不普通，而是桑园围古窦闸之一大谷涌闸，“光绪二十三年”等字样清晰可

一代代九江人参与建造、改变了桑园围，也在这个过程中塑造了自己（梁平　摄）

见，此桥曾依托河水建起了繁华的大谷市。

几十年前，陈标成的父亲陈永照（又称“陈永”“大天二永”）在这里开店，时人赞为“九江叉烧历史悠，大天二永拔头筹”。

陈标成传承的不只是一家叉烧店，更是九江人因桑园围而兴的农商业文明见证。

在世界上很多地方，历史上都因商业崛起排斥农业发展。而在桑园围，农业与商业完美地结合在一起。

通过一道道窦闸，桑园围把江水、船只引入九江大涌、九曲涌等围内河涌。窦闸上多建桥梁、码头，成为人流汇聚之地，大谷市等无数个市场也就自然发育而成。

影响关志均等更多人直接生计的，是桑园围内孕育出的桑基鱼塘农业系统。2019年，以桑基鱼塘湿地片区为主的佛山基塘农业系统，入选第五批中国重要农业文化遗产名录。它也被联合国教科文组织称为“世间少有的美景”。

关于桑基鱼塘，又不得不说回明代创造“沉船法”的陈博民。

陈博民作为乡绅，可能并不懂得怎么养鱼种桑，但他却是桑基鱼塘模式形成过程中的关键人物。在桑园围合围后，为了避免内涝风险，九江人不得不深挖水塘，作为排涝的缓冲。这些池塘不能种菜种稻，最好的用途，就是养鱼。鱼塘边最好的作物，就是桑树。

让关志均自豪的是，他的祖先们早就已成熟掌握了垦畦浇晒的制盐方法。华夏种桑养蚕的始祖嫘祖把围湖取盐、种桑养蚕的技术带到了岭南，与这里原有的先民、其他中原地区移民一起，创造了桑基鱼塘这种新的农业形式。

桑基鱼塘模式下产出的丝、鱼，都是高附加值产品，顶峰时有“一船缫丝去，一船白银归”之称。其中，九曲涌的水道多曲弯，沿岸住了不少显贵人家，俗语说“九曲十三湾，湾湾有个大财主”。

也正因此，桑园围不仅号称“南顺江防之巨”“广属中基围最大之区”，同时也被称为“粤东粮命最大之区”“近省第一沃壤”。蚕桑、养鱼、水运等行业的兴盛，不仅推动了围内农商业的发展，更促进了岭南经济崛起，显现出开放包容的产业文化。

“如果没有桑园围，就没有南海、顺德安全稳定的生存环境、长期富庶的经济和繁荣的文化。”中国水利学会水利史研究会秘书长李云鹏认为。

岁月留下了一个令人感怀的结论。从这个意义上说，从中原南下的九江先民们，不仅创造了自己的新家园，也参与了近千年来中国经济中心南移的历程。

成为世界遗产，当然不是桑园围的终点。2022年，南海区发布世界灌溉工程遗产桑园围水脉规划，希望整合资源打造世界级生态水脉、国家级文化公园。

关志均认为，把这些事都做成，也许是很多年后的事了。

但九江人最擅长的就是坚持。毕竟，他们连桑园围都能建设出来。

人物口述

桑园围是永远的家园

“桑园围在的地方，就是我们的家。”对于九江关树德堂世界宗亲会秘书长关志均来说，桑园围既是童年时的乐园，更是他长大后要守护的家园。

因为他深知，无论岁月如何流转，他和关氏一族都生活在桑园围的庇护之下。桑园围，是他们的依靠，也是他们挥之不去的乡愁。

又一个暑假，又一批九江学子走进关树德堂参观，作为讲解员，关志钧总会向他们讲述九江人与桑园围的故事，一如小时候长辈向他讲述的那样：

桑园围让我们有了共同依靠

桑园围，不仅是九江的坚实屏障，也是九江人的精神家园。它不仅守护着这座小镇的安宁，也承载着九江人对繁荣与进步的憧憬和梦想。

根据族谱记载，自明朝起，生活在九江的关姓就通过鱼花养殖和买卖，形成了完善的产业链，这也让我们的家族兴旺发达，成为九江的大姓。以前九江关氏清明祭祖的方式就与众不同，别人是“太公分猪肉”，我们是“太公分猪肉+分白银”。近代以来，虽然“分白银”不复存在，但也会在清明宗亲宴席上增加蒸鱼这道菜，以此提醒后辈不要忘记先祖的根源。

正是得益于桑园围，关氏一族才有了足够的积累，将关氏宗祠关树德堂修缮成现在这样庄重而宏伟。关氏宗祠始建于明朝万历九年（1581年），堂榜“树德”，意为树先祖之圣德，荫启子孙，祭祀先祖，缅怀根基。

树德堂走过了440多年的风雨沧桑，其间经历了数次修缮，现在的树德堂占地6500平方米，建筑面积3300平方米，见证了关氏祖先的辉煌，也是桑园围与关氏文化传承的重要载体。

树德堂内的展馆详细记录了九江桑园围的建设历史，呈现了关氏一族守护桑园围的故事，也寄托了关氏先祖对后人的嘱咐和期望。祠堂内悬挂的“发扬忠义精神”牌匾，还有“读好书、说好话、行好事、做好人”的家训，一直激励着每一位关氏后人。

每年，关氏一族都会在关树德堂举行盛大的秋祭活动，接待来自世界各地的关氏后人。这些年来，从世界各地来到关树德堂寻根问祖的关氏后人也越来越多。

我印象最深的，是2007年6月，30多位海外乡亲来到关树德堂寻根，其中有几个不同肤色的小孩格外醒目。他们分别来自英国、法国等7个国家，在海外历经几代传承后，相约一起回国寻根。他们中的很多人都是第一次在祠堂里聆听家族的家规家训，当听到自己是关公后人时，都既惊讶又兴奋。

要把建设和守护桑园围的使命传承下去

如果没有桑园围，就没有今天的九江；同样的，如果没有九江人的努力，也没有今天的桑园围。

我们这代人从小就知道，桑园围与九江人的命运息息相关。我出生在1957年，童年时，就经常和伙伴们在堤围边嬉戏。小学二三年级开始，我们就跟大人一起参加了堤围的修建工作。那时，我们虽然力气小，但也会学着捡拾一些碎砖块，堵塞堤围的一些小洞。

每年汛期到来，我们就安排了“盯梢”的任务，密切留意堤围的变化。一般来说，如果堤围内的水是清澈的，就没有问题。如果水变得浑浊，就要警惕起来，及时报告给大人。

每年都要对堤围进行加固，一般会趁着冬季农活少、桑园围水位低的时间进行修补，由政府统筹安排，全民动员，所有人都会积极参与。

到了20世纪70年代末，修筑堤围成了我们年轻一代的重要责任。那时修围堤依旧主要靠人力。比如说要“打夯”时，我们就先一担一担地将泥土堆高，再由6—8人用麻绳将石礅串起，一齐向上拉，使石礅抛起又落下，就这样将泥土压实。再后来，修筑堤围逐渐实现机械化了，结束了肩挑背扛的历史。

九江历来高度重视对桑园围的保护，保护桑园围的行为会得到嘉奖。比如我的太公曾捐资修建围堤，祠堂因此奖励了一块地。在这种正向的善意反馈下，九江人对桑园围的情感也更深厚，九江人团结一心战天斗地、守望相助保护家园的豪情和血脉也传承到了现在，是我们最宝贵的精神财富。

如今，我常与老友回忆当年共同参与桑园围修缮的日子，以及在洪水时扛沙包的经历，平时我也抓住机会与年轻一辈分享这些故事、介绍桑基鱼塘的发展模式等。近年，越来越多研学团、大学生社会实践队伍来关树德堂参观学习，我一有时间就去给他们讲解，希望将九江关氏的忠义诚信、勇于奋斗、团结一心的精神品质传播开来，传承下去。

我们这一代人，无论身处哪里，都对桑园围有着深刻的认识。我们知道，桑园围所在的地方，就是我们的家。但现在许多年轻一代人对桑园围的了解并不多，面对这种情况，我们有责任向年轻人介绍桑园围的历史，让他们了解桑园围的价值，并承担起保护、发展桑园围的责任。

读懂桑园围，读懂生生不息的力量

骑着电动车，悠然穿梭于桑园围大堤上，陈品良的身影频繁地出现在九江桑园围的各个角落，只为追寻那些古老窦闸的斑驳痕迹。灯光下，他埋头于浩瀚的历史资料之中，历经十多年，整理出了30多万字的九江历史文化资料。

非科班出身，陈品良凭着热爱与执着，逐渐成为九江桑园围的“活地图”“活字典”。无论围内的一砖一瓦，还是这里的风土人情，他都能如数家珍，娓娓道来。

为何能坚持多年如一日挖掘、传承桑园围文化？以下是陈品良的讲述：

九江处处是桑园围文化

谈及九江历史文化，桑园围是绕不开的话题。在九江，桑园围文化无处不在，每个村居都或多或少与它有联系。桑园围不仅是一道坚固的防线，守护着九江人生命财产的安全，更是九江繁荣与兴旺的基石。从“小广州”这一称号就可看出其彼时的繁荣。

九江人对家乡的感情是很深厚的。我原籍是九江镇南方村的，祖父在九江沦陷后逃往香港，父亲在香港出生，抗战胜利后，奶奶带着儿女又回到了九江。于我们而言，九江永远是根之所在。

桑园围早已融入九江人的日常生活，成为我们不可或缺的一部分。平日里我们可能不太会注意到它，但它总能在关键时候发挥作用。我出生在1971年，从小就在桑园围如何守护九江人的故事中成长，但真正有了切身感受，还是1998年那场惊险的洪水。当时听说洪峰马上到来，我匆匆从工厂赶回家，只见家人焦急万分，忙着将家中物品搬至二楼以防水患，所有人都绷紧了神经。

最终在桑园围的庇护下，九江得以安然无恙。那一刻，我深刻体会到了洪水的无情与桑园围的重要性，堤围早已融入九江人的日常生活，成为我们不可或缺的一部分。

桑园围还铸就了九江人团结协作的精神。历史上桑园围发生过几次大的决堤事件，每一次九江人总是有钱出钱、有力出力，修筑加固堤围。在1914—1915年就发生过一次特大洪水，全省多地遭遇水灾，就连广州城也被水淹了七日七夜，九江也不能幸免。

当时桑园围周边乡民纷纷发起募捐活动，其中以九江堡乡人捐款最多。特别是九江旅港商人岑伯铭捐出巨款，并在灾后担任了南顺桑园围修基总理。

这种团结协作的精神不仅体现在当地，更随着九江人的足迹遍布海外。九江作为著名侨乡，这里的人外出经商时总是相互扶持，所到之处大多设立商会、同乡会等组织，比如说，古巴唯一一所华侨医院就是我们“旅古巴侨商公会”的九江人创办的。

走进历史，我真正了解了家乡

我自小便对九江历史文化充满兴趣，也痴迷于猜灯谜。2006年，我加入九江儒林灯谜协会并担任秘书长一职，开始将家乡的古迹、名人故事融入灯谜之中。2010年起连续10年，我策划了一系列以南海、九江历史文化为主题的灯谜比赛，不仅让更多人深入了解九江，也促使我不断深入了解和研究家乡的历史文化。

为了吸引更多人参与到九江历史文化的挖掘与传承中来，我建立了一个微信群，汇聚了一群热爱九江文化的朋友。结合各自的兴趣和能力，我们当中有的人负责梳理历史资料，有的从网络搜集资源，还有的则在万寿街开设小店专门收集展示九江历史文化物件，只为那份对家乡的深情厚谊。

要做好历史文化保护工作，需要投入足够的时间、精力还有毅力。我大概从20年前开始陆陆续续做这件事情，最近这十年真正沉下心来，梳理历史资料，走访历史遗址。我一直坚持的原则是，文化保育要对照历史资料与实地考虑，通过文字与实物的相互印证，才能做扎实，经受时间的考验。

这些年来，结合《儒林乡志》《桑园围志》等历史资料，我走访了多处窦闸、碑刻、古桥，查找了多份相关历史文献，记录下遗迹的现状并分享给更多人。我希望通过自己的微薄之力，让更多人了解并珍惜这份来之不易的历史遗产。

2018年，为纪念陈博民诞辰660周年，我们提前一年开始策划了一场陈博民与桑园围地名文化专题展，目标是通过这场展览，能够让更多九江年轻人了解并铭记先贤的功绩与智慧，激发他们对家乡历史文化的热爱与传承。两年后，桑园围成功入选世界灌溉工程遗产名录，这给了我更强的信心和动力，证明一直坚持做的事情是有价值的。

历经十多年，我整理出了30多万字的九江历史文化资料，其中九江明代乡杰的相关资料十多万字。九江文化深厚，这些贤达大多也为桑园围出钱出力，我希望有机会可以呈现出来，也希望有更多人关注家乡历史文化，讲好九江历史故事。

但我知道，这还远远不够，九江历史文化的保护与传承还有很多事情可以做。研学活动、历史人物故事讲述、乡情教育……未来，我希望通过更多元的方式，让更多人了解桑园围与九江的历史文化，让这份宝贵的遗产得以一直延续下去。

第三篇

渔

上

岁业鱼花

“一介五，二介十，三介五，四介十……”77岁的陈锦均从网池里舀起一勺鱼花，口中念念有词。幼小的鱼苗活蹦乱跳，在阳光下闪闪发亮。齐腰的水面皱起一层层波纹，他的思绪也一同泛起涟漪。

恍惚经年，宛若昨日。家住九江上东村，西江边上，在17岁的夏天，陈锦均就从学徒做起，跟随师傅们学习古老的鱼花生产技艺，在西江上捞过无数晨曦和月辉，一晃已是60年。

俗话说，南海九江三件宝：鱼花、煎堆、米酒好。如果说煎堆、米酒关乎的是九江味道，那么鱼花则是九江人生计之所系。

翻开历史，五百余年西江潮起潮落，细数鱼花，声声入耳，唱出悠扬的九江渔歌。这是技艺的传承，也是产业的兴盛：2022年，九江鱼花生产习俗入选广东省非遗名录；如今，千亿鱼苗每年都要从九江“游”向全国。

九江鱼花的故事，传颂了数百年，经久不衰；从索取到反哺，人与江河在悠悠岁月中，找到了相处之道。

江与人的“秘密”

【这里江面宽阔、坡垄平缓、水流适中。在九江附近捞出来的西江鱼花不仅量大，而且大部分都能存活下来。】

“我家江水环湾处，江干多是渔人住。渔人终岁业鱼花，纳课输租设鱼步。桃花浪涌鱼花多，鲢鲩出水鳙随波。日暮渔人望电脚，江头兀坐歌渔歌。乘时置筐半浮水，鱼花入筐杓之起……”

对于清代乡人胡调德所咏的九江鱼花史诗，年轻的陈锦均并不知晓，但当他将目光投向宽阔的西江江面，看到九江鱼苗场的师傅在装捞鱼花，眼前的场景让他跟诗人一样，为之着迷。

于是在17岁那年，陈锦均进入了九江鱼苗场，从学徒做起，跟随师傅们学习鱼花生产技艺。

靠水吃水。自古以来，九江人就因地制宜，筑基挖塘，种桑养鱼。那么鱼苗从何而来？这是一门大学问。

粤有三江，唯西江多有鱼花。在西江，每年春汛到来，鳙、鲩、鲢、鲮等亲鱼溯流产卵，受精鱼卵顺流而下，经五六天从孵化到发育，长成有一定的游泳能力，体内有营养供应的幼体鱼苗，即为鱼花。

此时的西江鱼花，刚好抵达西江九江段，这里江面宽阔、坡垄平缓、水流适中。用陈锦均的话来说，在九江附近捞出来的西江鱼花不仅量大，而且大部分都能存活下来。

鱼花，因此成为大自然对九江人的馈赠。

早在500年前，勤劳智慧的九江人已发展出成熟的鱼花产业体系。据《广东新语》记载，南海有九江村，其人多以捞鱼花为业，曰鱼花户；明弘治年间，总制刘大夏上疏，将西江两岸河埠，上自封川，下至都含，召九江乡人承为鱼埠……所谓鱼埠者，鱼花步也。

“鱼花，细如针，一勺则千万，唯九江人能辨之。”在长期的生产实践中，九江人总结了一套独特的鱼花生产技术，涉及鱼花装捞、筛选分类、育苗培育、买卖运输等环节，包含预测、撇花、用筛、开侧、数鱼花、担鱼花等技艺，九江人深谙其道，可以称之为绝活，是独属于九江人与西江的“秘密”。

每年3月至8月鱼花生产季节，九江鱼苗场的师傅们总会在西江边忙个不停。一天24小时、4人一组、2人一班次、每隔半小时装捞一次。年轻的陈锦均跟随师父学习装捞鱼花，经常要在水中一连浸泡好几个小时，上岸时手脚往往已被泡到起皱泛白。

工作虽苦，年轻人的热情和冲劲却能克服一切。只是那时的陈锦均并不知道，自己会成为最后一代在西江装捞鱼花的师傅。

早在1958年，同为南海人的鱼类养殖学家钟麟创造出“生态生理催产法”，在世界上首次实现池养家鱼全人工繁殖，结束了我国淡水养鱼依赖从江河装捞天然鱼苗的历史。此后20多年间，家鱼人工孵化渐成主流。

到1973年，陈锦均几乎已经不用再到西江装捞鱼花，但尹彦、朱镜、陈悦和等师父教会他的九江鱼花生产技艺，早已娴熟得就像吃饭喝水一样自然。带着这身本事，他开始接触鱼苗孵化行业，改良人工繁育鱼苗的方法。

不知不觉中，九江鱼苗产业翻开了新篇章。

千亿鱼花出九江

【500多年的技术和经验积累，让九江人足够骄傲和自信，从江河装捞鱼花到鱼苗的人工繁育，从传统四大家鱼繁育到名特优新品种选育，他们始终得心应手。】

距陈锦均家不远的江泓汇水产培育场，是他与场主陈杰明经常交流的地点。小小的办公室里，58岁的陈杰明坐在大木桌的一边，身后挂满了牌匾：“中国渔业协会水产种苗分会副会长兼秘书长”“九江水产协会名誉会长”……

因为爷爷陈悦和在九江鱼苗场工作，陈杰明从小就喜欢到鱼苗场玩耍，在塘基上奔跑，在鱼塘边玩水，童年的时光就像滑过指尖的水花一样闪耀。悠悠时光里，古老的鱼花生产技艺在他的心底里留下了印记。也是从那时候开始，

在长期的生产实践中，九江人总结了一套独特的鱼花生产技术（资料图）

他结识了陈锦均。

到1988年，陈杰明接过了父亲的衣钵，打理村中三口鱼塘，养殖了两三年大鱼之后，他转而从事水产种苗培育。因为技术门槛高，他觉得更有挑战性。

改革开放的春风里，九江渔业从20世纪80年代开始迎来新一轮发展大潮，鳜鱼、乌鳢、加州鲈、黄颡鱼等高值水产品种陆续被引进培育推广，而为了满足鳜鱼等肉食性鱼类的养殖需求，麦鲮作为饲料鱼也被引入了九江。

陈杰明看准机会，从麦鲮和四大家鱼的种苗供应开始进入淡水鱼种苗市场。考虑到粤西水温高，鱼苗早孵化，他大胆从吴川购买并运输种苗回九江，比竞争对手整整提前一个月供应鱼苗上市。

他还尝试自己留种育苗，于是找到陈锦均拜师，系统学习九江鱼花生产技艺。

将鱼花放进鱼塘育苗，一般人要一个月才能装捞出售，因为如此小规格的鱼苗，需要十分精湛的技艺才能捞取。在九江鱼花生产技艺的加持下，陈杰明只需七天左右便能装捞鱼苗；正常一个鱼季一口鱼塘能开3到4批鱼花，陈杰明在1995年创纪录开出了11批，轰动整个九江。

西江边上仍然流传着古老的技艺，在传承中紧跟产业发展的步伐。500多年的技术和经验积累，让九江人足够骄傲和自信，从江河装捞鱼花到鱼苗的人工繁育，从传统四大家鱼繁育到名特优新品种选育，他们始终得心应手。

由此，九江鱼苗产业开启百花齐放的黄金年代：自1984年引进加州鲈后，如今九江加州鲈种苗孵化培育量占全国约六成，成为“中国加州鲈之乡”；在九江璜矶，自1992年引入第一家鱼苗场，至今已成为乌鳢鱼苗的九江主产地；2006年，九江引进了亚洲最大的鳗鱼培苗场……

2023年，九江全镇淡水鱼苗孵化品种达到30多个，鱼苗年均孵化量超1500亿尾，产值突破12.3亿元。

在几代九江人的努力下，九江鱼苗产业到达前所未有的发展高度，2011年3月，九江通过中国水产流通与加工协会评审，被认定为“中国淡水鱼苗之乡”。2015年，“九江鱼苗”成为佛山首个农业集体商标。

近年来，九江与刘少军院士团队、广东省农业科学院、中国水产科学研究院珠江水产研究所、南海水产研究所等加强合作，并从2020年起建设省级现代农业产业园——九江鱼花产业园，深入实施现代水产业“强芯”战略，打造全国水产种业高地。

用500多年的传承与创新，九江人讲述了一个闻名全国的“千亿鱼花”故事。

重回西江

【当一尾尾鱼苗扑腾水花扎入江河，九江人也用了近40年，做到了从向自然索取到回馈自然。】

每天清晨6时，34岁的卓记水产种苗有限公司总经理张勇文就出现在鱼塘边开始巡视，入行近十年来，风雨不改。

成立于1991年的卓记，主要繁育乌鳢鱼苗和鳜鱼苗。在张勇文的精心看护下，场里200亩鱼塘2024年预计将繁育出2亿尾乌鳢鱼花和1000万尾鳜鱼寸苗。

时至今日，水产养殖依然是九江重要支柱产业（梁平　摄）

悠悠西江水，浸润过无数年轻的渔民，如今他们已经老去。接力棒传到新生代的手中，带着九江人的闯劲，还有年轻人的探索精神，他们开始续写九江鱼花故事的新篇章。

2014年大学毕业后，张勇文回到家乡九江，帮父亲打理鱼苗场。在他的推动下，卓记投资约80万元建起了检测室，还和上海海洋大学合作进行良种选育，让老牌的卓记变得越来越有“科技范”。

师从父亲陈杰明，28岁的陈铭聪和33岁的陈梓聪也先后入行，闯向九江鱼苗产业的“无人区”。

从2010年开始，陈杰明就着手建立珠江水系种质资源库，开展种质资源保护工作，至今已网罗30多种珠江水系土著鱼。倒刺鲃、马面骨、赤眼鳟……入行五年，陈铭聪对这些品种早已熟稔于心。在他和父亲等人的努力下，濒临灭绝的桂华鲮在2021年成功孵化出数十万尾，这让他兴奋了很久。

2023年从IT行业转行，陈梓聪成为父亲在新品种培育推广方面的得力助手。2016年，陈杰明和合伙人成功引进并繁育苏丹鱼。最近苏丹鱼进入孵化季，陈梓聪不是在鱼苗场，就是在运输种苗的路上。2024年9月，他和父亲飞往马来西亚，着手引入并在本地繁育新品种“忘不了”。

借助种质资源和鱼花生产技艺等优势，近年陈杰明父子三人也在积极与政府进行合作，为珠江流域增殖放流工作供应各类合适的鱼苗。

当一尾尾鱼苗扑腾水花扎入江河，九江人也用了近40年，做到了从向自然索取到回馈自然。

随着新技术、新设备的引进，传统九江鱼花生产技艺逐渐走下历史舞台。如何保护传承好老祖宗留下来的这门手艺，过去十余年也越来越受到各界的重视。

在大家的推动下，九江鱼花生产习俗在2012年和2019年先后入选南海区、佛山市两级非遗名录，并于2022年入选第八批省级非遗代表性项目名录。

从2011年开始，九江人每年举办数鱼花传统技艺大赛，让古老的技艺焕发出崭新的活力，该项赛事在2018年后还成为九江庆祝农民丰收节的重要活动内容。

近年来，政府部门、主流媒体越来越多地找到陈锦均，让他系统再现九江鱼花生产技艺，进行抢救性记录拍摄，或是参与宣传推广。

“一介五，二介十，三介五，四介十……”重回西江，伫立水中，陈锦均手持蚌壳，从网池中每舀出一勺，就有五尾鱼花，这是流传百年的“九江佬数鱼花”口诀。

陈锦均数着鱼花，也在诉说一段光辉岁月。

下 鱼跃桑田

一条鱼如何养到极致？九江人用数百年精研自己的答案。

靠着近25公里西北江岸线，九江人亲近水，更懂得利用水，从临江捕捞鱼花，到筑围养鱼，鱼儿成为连接九江人与这片土地的纽带。连绵数万亩的鱼塘塑造了九江的生态基底，赓续数百年的桑围鱼塘繁盛勃兴，创造了农耕时代人与自然良性循环的典范。

如今，这个古老的行当正在成为一个新兴产业，新品种的培育，新力量的加入，新业态的拓展，无不为九江渔业注入新活力。

在一次次突破中，九江这条“鱼”越游越远，游向更广阔的未来。

“这片鱼塘，是有生命的”

【连绵数万亩的人造水域是九江人的生计所系，每一口鱼塘背后都供养着一户人家，正是这种原始生产方式，让九江先民得以在一片滩涂地中站稳脚跟，繁衍生息。】

几乎每一位九江人的家门前，都有一口鱼塘，从小生活在水边，他们看待鱼塘就像家一样亲切。

在九江上西村，村里的鱼塘太老了，以至于每口鱼塘都有自己的名字：“葫芦塘”“本字塘”“松椿脚塘”……在这些鱼塘边上，从前也一定种满了桑树。就像鱼儿离不开水，桑基鱼塘也一直是九江人安身立命之本。

30多年前，幼小的关裕坤就从父母那里听过桑基鱼塘的故事。但当时的他并没有意识到，这种古老的生产方式是如此深远地影响并塑造着自己生活的这片土地，以及土地上的人。

从空中俯瞰上西村，一个个鱼塘星罗棋布，水平如镜，民居、厂房错落点缀其间。如此景致延伸到下西、璜矶、河清、烟南……昔日桑基鱼塘纵横交错的格局，至今蔚为大观。联合国教科文组织曾评价桑基鱼塘系统是“世间少有美景，良性循环典范”。

这幅人与大自然共同绘就的画卷，究竟起笔于何时？据记载，明洪武二十九年（1396年），九江堡人陈博民率众堵塞甘竹滩倒流港，桑园围由此合围。这项堵口工程被认为是当地围江造田工程的创始，也是桑基鱼塘的发端。

清朝中期以后，外贸对蚕丝需求旺盛，九江农户纷纷“废稻树桑”。《广东新语》有云，九江“地狭小而鱼占其半，池塘以养鱼，堤以树桑，男贩鱼花，妇女喂爱蚕，其土无余壤，人无敖民，盖风俗之美者也”。

错落有致的鱼塘排列不仅创造了绝美景致，连绵数万亩的人造水域更是九江人的生计所系，每一口鱼塘背后都供养着一户人家，正是这种原始生产方式，让九江先民得以在一片滩涂地中站稳脚跟，繁衍生息。

自20世纪80年代以来，虽然随着桑蚕养殖逐渐退出历史舞台，传统的桑基鱼塘模式日渐式微，但九江的水产养殖业依然保持着活力，连片鱼塘抵挡

养殖户迎来渔获丰收（梁平　摄）

住狂飙突进的工业化进程，让渔耕粤韵的图景存留至今，并为后来人继续创造价值。

上西村是九江养殖池塘数量最多、面积最大的村居，全村拥有854口鱼塘，养殖面积超3074亩。近年随着养殖规模不断扩大，村里的鱼塘养殖也遇到了新问题。养殖户小而散的粗放生产模式造成鱼塘普遍出现泥塘淤积、塘基坍塌、排灌不畅，导致水质降低、鱼病害频发、产量下降等，无法满足新的生产需要。

九江人意识到，传统鱼塘养殖要传承下去，需要与时俱进。要擦亮九江水产养殖品牌，首先要确保品质稳定，尤其是推动标准化养殖，而鱼塘的标准化改造是关键一步。

如今作为上西村“两委”干部，关裕坤参与推动了全村的塘改。2022年，上西村把握南海全域推进养殖池塘改造提升五年行动的契机，提出连片改造的思路，通过经济社整备连片鱼塘托管给经联社，由经联社对集约鱼塘进行招租发包，让企业按要求统一改造。

两年间，上西村就集约了超过2000亩鱼塘，引入4家水产养殖企业，对鱼塘进行方格化改造、全面清淤，重修进排水渠，安装养殖尾水治理设施。改造后不仅破解了水产养殖一系列问题，还带动塘租大幅上涨，平均年租金从1200元/亩涨到3000元/亩。

随后，鱼塘改造在九江各养殖区陆续铺开，昔日不规整如同“蜘蛛网”的零散鱼塘，陆续被改造成为横平竖直，类似“渔网”的连片鱼塘。海寿岛、儒林湾、敦根、梅圳等一批示范性美丽渔场渐次“绽放”，融景观、智能、科技、文化于一体。

在关裕坤看来，九江的连片鱼塘是有生命的，数百年来不断发育成长，默默哺育着一方水土。而塘改则赋予了这片美丽渔场新的生命力，让九江这条“鱼”得以游得更强健。

一条鱼从九江游向全国

【因应市场需求灵活应对、积极求变，九江渔民不仅搅动了养鱼的一池“活水”，也在不断加固、延伸水产业链条。】

在水网发达的珠三角，水产养殖拥有良好的先天条件，但九江却能脱颖而出，成为“中国淡水鱼苗之乡”“中国加州鲈之乡”，这是因为九江人对养鱼有着一股钻劲，在一次次行业变革中引领潮流。

2024年5月中旬，加州鲈成品鱼收购价在一周内涨了8元/斤。在九江下西社区上海经济社，51岁的养殖大户关东权果断出掉3.4万斤加州鲈，足足多赚了26万元。

尽管过去3年淡水鱼养殖业整体低迷，关东权始终稳中有升。仗着老到的经验和技术，他不仅是一名养鱼好手，更是远近闻名的养殖带头人。上海经济社有300多亩100多个鱼塘，在他的带动下，如今超过六成都用来养殖加州鲈成品鱼。

养鱼靠天吃饭，风大雨大的日子不少，九江人究竟是如何把鱼养活、养好的？关东权认为，“识得执生”很重要。

“执生”在粤语中意为随机应变，关东权就很会“执生”。养了33年大鱼，他养过四大家鱼，也养过鳜鱼、黄颡鱼、乌鳢等高值鱼，最终认准了加州鲈。在他看来，养加州鲈讲求技术，而且成品鱼不大不小，适销对路。

鱼价涨跌，与养殖户的钱袋子直接相关。关东权会从水产收购商和饲料公司等人脉中获取信息，从供求关系预测未来鱼价走势，继而调整养殖方向和规模。他还爱钻研，早在20年前就开始孵化加州鲈鱼苗，十年前就摸索出用饲料喂养加州鲈的方法。

凭借敏锐的市场触觉，九江自1984年引进加州鲈养殖后，经过40年发展，加州鲈种苗孵化培育量已占全国约60%，成为全国加州鲈种苗繁育中心；加州鲈养殖面积约9400亩，商品鱼产量年超4.2万吨，日均物流配送量占全省超50%。

正如自己从前辈身上学到了很多宝贵经验，关东权也乐于向年轻的养殖户分享经验。在他的带领下，10名鱼塘承包户在2022年还成立了社里第一家渔业公司。大家抱团发展，除了顺应集约化发展大势，关东权还有两个打算：推广孵化、养殖、成品销售一体化经营模式的同时，带动年轻人入行和成长，为传统养殖业注入新力量。

这个平均年龄不到40岁的团队里，31岁的郑良铭是3名大学毕业生之一，也是最年轻的成员，负责加州鲈、乌鳢的孵化育苗工作。最近是鱼苗生产旺季，他每天都要忙着出加州鲈鱼苗给客户。

由于技术门槛更高，生产周期更短，孵化育苗的效益总比成品鱼养殖要高，近年九江的“90后”“渔二代”大多选择进入孵化育苗赛道。比起自己的祖辈，年轻一代拥有更高学历，更懂得知识的重要性，视野也更开阔。

张显维是团队里另外一名大学毕业生“渔二代”，他就利用了专业优势，借助网络联系到全国和世界各地有鱼苗需求的客户，帮助九江渔业打开新的市场。

因应市场需求灵活应对、积极求变，九江渔民不仅搅动了养鱼的一池“活水”，也在不断加固、延伸水产业链条，用工业思维赋予这一传统行业新的价值，让九江这条“鱼”游向更广阔的天地。

位于九江沙头的广东鱼兴港水产有限公司（下称“鱼兴港”），工人在车间对鳜鱼、加州鲈进行分级筛选，装卸区内停满大卡车，经过分拣、打包的一箱箱鲜活鱼将从这里出发，运往全国各地。

创办企业28年来，鱼兴港总经理郑伟不断进行资源整合和技术突破，让九江鱼在30小时内就能运抵北京，并且成活率保持99.5%。

随着近几年预制菜和生鲜外卖平台兴起，郑伟带领团队开始涉足加工、冻品领域，投资2.5亿元在九江打造预制菜项目。因为预制菜原材料需要，他还租下550亩鱼塘，开始养殖鳜鱼、乌鳢和加州鲈，形成了养殖、加工、全国配送的全产业链条。

从新项目选址之初，郑伟就没有考虑过九江之外的地方，不仅因为九江拥有最丰富的养殖经验，最完善的产业链条，更因为这里经过数百年沉淀，养鱼已经成为一种文化，让九江人对如何养好一条鱼有着不一样的执念。

“忘不了”

【一条名为“忘不了”的鱼，一直让九江人陈杰明念念不忘。】

这种仅产于马来西亚的特有淡水鱼，是全世界最贵的淡水鱼，目前该品种成鱼在国内的塘头收购价高达200多元/斤。眼见如此显著的市场价值，陈杰明萌生了一个想法：将“忘不了”引进国内。

于是从2018年起，陈杰明的水产养殖场开始引进“忘不了”的亲本培育和成鱼养殖，并从马来西亚引进鱼苗供应国内养殖户。2024年，他定下了目标，争取实现“忘不了”本地孵化育苗。

确立“中国淡水鱼种业名镇”和“粤港澳大湾区高品质水产养殖示范区”两大产业目标，到如今，九江已经引进和培育30多个淡水鱼苗孵化品种，成鱼养殖也早已告别传统的四大家鱼，转而养殖各类高值淡水鱼品种，并且不断推陈出新。

这不由得让人好奇，对于擅长养鱼的九江人，淡水鱼养殖业的“天花板”到底有多高？九江人用行动给出了答案：只要有想象力，养鱼有无尽可能性。

新设施和新技术的应用，催生了养殖条件和模式变革，九江人在传统养殖业玩出了各种新花样。

在九江璜矶的金合荣孵化场，水源经过三级净化过滤，调温、供氧、消毒系统全自动调控，鱼苗可以在最适合的环境条件中进行孵化培育。

虽然前期投入不少，但场主潘满权已尝到甜头。用工厂化养殖模式打造智慧渔场，实现智能养鱼，带来了鱼苗产量和品质双提升，为他赢得越来越多回头客。

九江的现代渔业技术和模式不仅让本地养殖户的钱包鼓起来，也通过对外输出，成为九江人开展协作帮扶的“法宝”，带动更多地区共同奔富。

因为九江鱼，潘健章从昔日的鞋老板变成了渔老板，并把家乡的水产养殖业与对口帮扶工作结合起来。2015年9月，粤桂两省（区）贫困村创业致富带头人培训基地在九江河清成立，他当上基地首任主任，开始探索“致富带头人培育跟着产业培育走”的“双培”模式。

南海九江有好鱼，广西上林有好水，颇具商业头脑的潘健章看在眼里，他决定把九江的水产养殖业引入上林。2016年，潘健章联合4家水产养殖龙头企业，在上林县成立大洋洲龙虾养殖示范孵化基地。

一般养虾成活率达到60%已经相当优秀，潘健章和他的团队在上林却养出了73%的高成活率。第二年，他们就收获了巨大的成功。产业发展的同时，“扶智”“扶技”工作顺利开展。

如今，培训基地已为广东、江西、湖南、贵州、内蒙古等地累计培训近4000名创业致富带头人，其中超过55%成功创业，累计带动超过5万户贫困户增收脱贫，而创业致富带头人培训试点项目，也被国务院原扶贫办树立为全国典型，形成可复制推广的“上林模式”。

鱼是九江人的财富，也是九江人的文化。

数鱼花、捉塘底，每年的农民丰收节也是九江养鱼人的节日。有爱的九江人还打造出“鱼花道长”卡通人物、“九江年鱼”手信礼包等，在艺术创作、

捉塘底是九江人庆祝丰收的传统（梁平　摄）

文化交流和文旅活动中，让九江鱼变得好吃又好玩。

不久前，《外来媳妇本地郎》剧组走进上海经济社，拍摄了一集有关九江渔业的故事，郑良铭在剧中扮演一名数鱼花、捉塘底的高手。

虽然只有几秒出镜，但回忆起这段参演经历，郑良铭总会会心一笑，“虽然有点紧张，但这就是我们九江养鱼佬的本色演出。”

数百年来以渔为业，对九江人来说，鱼塘是另外一个家。和鱼有关的一切，从过去到未来，九江人永远也忘不了。

人物口述

传统鱼花技艺依然大有可为

流淌不息的西江和北江，养育了一代又一代九江渔民，孕育出已有数百年历史沉淀的九江鱼花产业。九江鱼花生产技艺流传到今天，九江下东的陈杰明是绕不开的一个人。

陈杰明虽然从小在鱼塘边长大，最初并不打算从事水产养殖业，却在机缘巧合下接过了祖辈的衣钵，成为九江鱼花技艺的传承人。他牵头成立了九江镇水产协会，致力于珠江水系种质资源保护和新品种培育，为九江鱼花产业注入了一股股活水。

传承与创新，是陈杰明一生的使命和追求，他用行动诠释了对九江鱼花的热爱和执着。以下是他的讲述：

传统手艺三代传承

我叫陈杰明，是佛山南海九江下东村人，工作至今30多年来，我都在和鱼打交道。

我的爷爷陈悦和是九江鱼苗场的大师傅，现在村里还有一口鱼塘叫作“陈悦和塘”。自我懂事起，我父亲也已经在养鱼。小时候，我常跟在爷爷身后去九江鱼苗场玩耍，只是从未想过，自己也会走上这条路。

1988年，我的父亲去世，留下几口鱼塘需要有人照看。我不得不放弃在外的工作，回到九江接手家业。当时的我对养鱼算不上有太多热情和热爱，更多是因为一份责任。

我父亲生前主要养成品鱼。家里的鱼塘交到我手上后，我继续养了两三年大鱼，成为下东第一个贷款养鱼、第一个买增氧机的人。到后来，下东经济社1/3的鱼塘都被我承包了下来，大大小小的鱼塘有11口之多。

但我喜欢寻求挑战和创新，养了几年大鱼之后，我改行进入鱼苗行业。那时候养殖鳜鱼、乌鳢、加州鲈等高值水产品种的人越来越多，市场对麦鲮这种饲料鱼的需求量相应地不断增大。我觉得水产种苗培育有“搞头”，于是从麦鲮和四大家鱼的种苗供应切入这条细分赛道。

面对日益激烈的同行竞争，“人无我有，人有我优”始终是取胜法宝。为此，我从湛江吴川运输种花回九江，因为那边水温较高，鱼苗早孵化，这样我就可以比竞争对手早一个月供应鱼苗上市。

后来，我开始自己育苗，于是找到我爷爷的徒弟，也是我认识多年的鱼苗场师傅陈锦均，让他把九江鱼花的传统技艺传授给我。就这样，陈锦均成为我的师父，带我走进了一个全新的世界。

当时他交给我的第一项任务是“担鱼花”。我每天都要挑着一桶水，走上无数个来回。这项技艺看似简单，却包含了许多技巧。通过有节奏地上下晃动水桶，使水桶中的水与空气中的氧气接触，从而增加水中的氧气含量。而后，我还学习了数鱼花、开侧、撇鱼花等传统鱼花技艺。

或许有人会不解，到20世纪90年代，九江人已经普遍采用家鱼人工繁殖，取代到西江装捞鱼花，为什么我还要大费周章去学习传统的九江鱼花技艺？因为我有自己的打算。

一口鱼塘正常一个鱼季开三到四次鱼花，但在1995年，我的鱼塘在一个鱼季四个月内开了11批鱼花，轰动了整个九江。鱼花开下去，一般人要一个月才能卖鱼，我只需七天左右便能装捞鱼苗。当时没几个人能做到如此小规格的鱼苗捞取，靠的正是传统的九江鱼花生产技艺。

守护江河每一条鱼

慢慢深入九江鱼花这个行业，我体会到了个中的艰辛，也找到了这份事业的乐趣，意识到了九江鱼花传承与创新的历史使命。

2010年4月我发起成立了九江镇水产协会，和协会成员一同开展大规模承包、信息共享、技术培训、新品种引进、市场开拓等活动，努力将九江鱼花产业连接起来，形成集体运作模式。

第二年，九江水产协会就帮助九江成功申报获得“中国淡水鱼苗之乡”的称号。之后，协会还成功注册了“九江鱼苗”集体商标，授权给企业和集体使用，共同做好这个品牌。

除此之外，我们也开始思考如何创新方式，加强九江鱼花宣传。

2011年，在协会积极推动下，九江首次举办数鱼花大赛，并一直延续至今，大赛成为九江每年庆祝农民丰收节的重要活动。这项传统技艺大赛吸引到外界许多目光，也为我们带来了更大的信心。在协会的参与推动下，九江鱼花生产习俗在2012年和2019年先后入选南海区、佛山市两级非遗名录，并于2022年入选第八批省级非遗代表性项目名录。

而在我个人层面，近十年来主要做了两件事，一个是进行珠江水系种质资源保护，另一个是进行新品种引进和培育。

九江在运营的孵化苗企有上百家，但只做目前十几个品种我觉得是不足够的，应该要囊括整个华南地区重要的、有经济价值的本地鱼。从2010年开始，我就着手建立珠江水系种质资源库，开展种质资源保护工作。

我们团队已经网罗了30多种珠江水系土著鱼，利用种质基因比较好的土著鱼进行人工孵化，几年下来通过人工孵化的品种就有光倒刺鲃、倒刺鲃、桂华鲮、马面骨、赤眼鳟、云南倒刺鲃等。

借助珠江水系种质资源库建立起来的优势，我还与珠江水产研究所开展科研、进行合作，打造珍稀鱼苗的基因库，同时与各地政府合作，为珠江流域增殖放流工作供应各类合适的鱼苗。

新品种引进培育方面，我和合作伙伴先是从马来西亚引入高值水产品种苏丹鱼，并在2015年首次实现本地成功孵化。之后，我们又瞄准了全世界最贵的淡水鱼品种“忘不了”，在2018年引进“忘不了”的亲本培育和成鱼养殖，争取早日实现“忘不了”本地孵化育苗。

让我深感自豪的是，个人的努力付出也得到了外界的认可。最近几年，我先后成为中国渔业协会水产种苗分会第一届理事会副会长兼秘书长、九江镇“儒林湾农匠”、2023年广东十大最美农村乡土专家之一、南海区非物质文化遗产项目九江鱼花生产习俗区级代表性传承人。种种荣誉和认可，鼓舞着我继续在事业上坚守和创新。

几十年与鱼打交道，也让我越发明白一个道理，那就是江河里的每一条鱼都有自己的价值。我坚信从各个方面保护鱼苗，守护好每一条鱼，也就守护住了江河循环。这也必将引领九江鱼花走向更广阔的天地。

念好九江渔业的致富经

在南海九江这片美丽的土地上，古老的西、北江奔流不息。每当晨曦初照，鱼跃桑田，溅起金光闪闪的水花，那是生命的律动，更是希望的火种，寄托着每一个九江渔人的致富梦想。

曾是鞋厂老板的九江人潘健章，不仅通过水产养殖让自己富起来，而且积极响应“先富帮后富”的号召，基于九江水产养殖经验，提出致富带头人培育和跟着产业走的“双培”扶贫模式，在全国各地四处奔走，向乡亲们传授创业经验，用九江渔业之光点亮脱贫攻坚之路。以下是他的讲述：

从南海九江到广西上林

我叫潘健章，今年50岁，是土生土长的九江河清人。在九江浓厚的工商业文化熏陶下，我在21岁就经营起一家鞋厂。而从鞋厂老板成为水产养殖户和扶贫工作者，则要从在北京结识的一段缘分说起。

2010年，我当选为河清第四党支部书记，两年后有幸参加了中国人民大学首届“村官”研究生班，认识了福建省南安市梅山镇蓉中村村党委书记李振生。

李振生开展基层工作很有创新精神，他摸索出的“1+11”扶贫培训模式，得到了国务院原扶贫办的认可和支持。了解到他的事迹后，我深受启发，开始思考如何通过产业来进行帮扶，实现多方共赢。

经过调研，我认为，九江发达的水产养殖业可以作为试点，通过培养致富带头人的方式推广到贫困地区。

2015年9月，在广东省各级政府部门大力支持下，粤桂两省（区）贫困村创业致富带头人培训基地在河清社区成立，由我出任基地首任主任，由此拉开“致富带头人培育跟着产业培育走”的“双培”模式探索。

九江是“中国淡水鱼苗之乡”，而广西上林县则拥有优良的水质资源。2016年，我决定联合4家水产养殖龙头企业，在上林县成立大洋洲龙虾高值渔养殖示范孵化基地——广西澳益农业发展有限公司。

第二年，我们就收获了巨大的成功，带动当地村民、贫困户积极行动起来。很快，我们的基地面积就扩展到1000亩，不仅吸纳了40多户贫困户长期务工，让他们每年增收3万到4万元，还带动了100户建档立卡贫困户入股，每户分红超过5000元。

我深知产业发展只是第一步，更重要的是要培养出一批能够带领乡亲们共同致富的带头人。于是，我们采取了粤桂两地培训的方式，让学员们先到佛山南海参观学习一个月，回来后我们基地再跟踪服务一年。

理论与实践、扶智与扶志相结合的方式，有效激发了学员们的创业热情。以第一期学员苏达谋为例，他从最初的半信半疑到后来的全情投入，不仅自己成功创业，还成为当地有名的致富带贫能手。他将生态种养合作社办成了集种植养殖、有机肥生产、生态农业观光于一体的生态产业链，吸纳贫困户数百人。

这样的故事在上林遍地开花。短短几年间，我们为上林县培育了400多名贫困村致富带头人，其中300多名学员已成功创业或正在创业，创办了173个经营主体，带动全县6000多户贫困户参与特色产业项目，其中超过5000户实现了增收脱贫。

在全国各地架起共富桥梁

上林的成功，让我们看到了“双培”模式的巨大潜力。于是，我们决定将“上林模式”推广到全国各地。从江西井冈山到湖南武冈，再到贵州山区……这些地方相对贫困，但水系丰富，适合发展淡水鱼养殖业。

因应不同地区的实际情况，我们在模式上进行了各种创新。我和科研团队、养殖专家一起试验探索，成功研发了零排放循环水养殖技术，并开始大力推广工厂化养殖，推动传统水产养殖业向环境友好、技术密集型转换。

2019年开始，我们把鳜鱼的工厂化养殖技术带到了江西新余、井冈山以及湖南的武冈，养出的鳜鱼每斤所花费成本比传统养殖方法降低了7元钱左右，为当地的鳜鱼养殖企业创造出巨大的利润空间，也让当地的创业致富带头人树立起信心。

到2022年，我们又把工厂化养殖技术带到了清远临江村。参考“上林模式”，在临江村建立鳜鱼工厂化养殖基地后，我们把当地有想法、对发展投入的群众带来佛山，让他们在基地跟班学习、接受技能培训、提高管理水平，成功培育10多名产业工人，并在临江村落户4条生产线，有效推动农业产业合作和产销对接，带动当地农业产业发展和贫困户的脱贫增收。

到2023年，我们又开始在湖北、河南、河北、山西等地探索“南鱼北养”，借助“上林模式”，努力让九江加州鲈、鳜鱼、苏丹鱼的育苗和成品育养殖技术和经验在祖国更多地方落地生根。

通过一系列落地探索，我可以自豪地告诉大家，“上林模式”行之有效，并且有很强的推广性。

据统计，培训基地已为广东、广西、江西、湖南、贵州、内蒙古等省、自治区贫困地区累计培训了近4000名创业致富带头人，其中有超过55%成功创业，累计带动超过5万户贫困户增收脱贫。而创业致富带头人培训试点项目，也被国务院扶贫办树立为全国典型。

在这段人生旅程中，我个人收获了很多荣誉，比如在2018年获得“全国脱贫攻坚奖创新奖”，在2021年获评“全国脱贫攻坚先进个人”，在2021年获得“全国优秀共产党员”称号，入选2022年第二季度“广东好人”名单等。每一份荣誉，都是对我的肯定，更是对我的鞭策。

未来的路还很长，也有很多挑战。但就像我一直说的，只要咱们心往一处想，劲往一处使，就没有什么克服不了的困难。我将继续发挥好九江现代水产业的优势，与更多地方深入开展产业协作与帮扶，开创更多互补共赢的发展局面，坚决守好脱贫攻坚成果，接续推进乡村振兴，让产业更兴旺，让乡村更加美好。

盈信城市花园

第四篇

商

上

“小广州”的繁荣与沧桑

一次偶然的机会，“00后”广州西关姑娘书鱼走进南海九江。在她的镜头下，九江万寿街民国时期的古民居，成为一道别致的风景。

“九江的楼和广州西关的楼，有很多相似之处，像满洲窗、精致的山花都是以前大户人家会做的。”在书鱼的镜头里，精致典雅的砖雕、石雕、石脚高窗、青石板等，经历百年风霜，呈现出独具地方特色的质朴美和岭南韵味。

夏日微风轻拂，阳光照射在斑驳的墙上，一砖一瓦仿佛都在诉说光阴的故事。在这座有着800多年历史的小镇里拍摄记录，九江曾经的繁荣和沧桑，一次又一次震撼着书鱼。

那些年的九江，商贸鼎盛，名震一方。上百年过去，历史仿佛从未远去，而是化为一代代九江人的底蕴，赋予他们足够的从容和自信，等待着新的机遇。

而对九江之外的人来说，这是一段足够震撼的商贸重镇兴衰史。

五百年前，一段繁荣启航了

【热闹的圩市，一直是他大脑深处挥之不去的记忆。】

如今的九江大涌一河两岸依然充满活力，昔日的大圩已发展成为今日的商业街道，早餐档、杂货铺、下午茶，样样不落，生活气息毫不减退。

但当穿过主干道，进入到万寿街、石马街、船栏街、万福巷、黄家巷、龙安里，隐藏在河涌两旁熙熙攘攘的商铺背后的老城区、老建筑一下子把人拉回到一百多年前，三元桥、振发楼、大门楼、长生路等古迹在时光的打磨下添加了几分厚重，无声诉说着一段波澜壮阔的历史。

“卖鱼桥，主要是卖鱼；阜安桥也叫‘打钉桥’，两岸有很多打铁铺。”如今走在川流不息的儒林路－太平路一带，区伟洛仍会不时想起小时候跟着母亲趁圩的场景。圩市的繁华，成为他脑海中挥之不去的记忆。

在区伟洛看来，老城区的每个转角，都藏着一个鲜为人知的故事，这让他着迷。他曾担任九江镇人大副主席，在九江镇侨务办等部门工作多年，如今已退休多年，但研究九江历史的兴趣不减，他也成为“老九江”口中的“九江通”。

在区伟洛的讲述中，那些过去商贾叫卖、沸沸扬扬之声犹在耳畔，一座商贸重镇的兴衰起伏就在眼前。

把时间往前回拨五百年。随着桑基鱼塘蚕桑农业的高速发展，九江以丝织业为主体的各项手工业也跟着兴旺发达，在顶峰时期，全镇一度拥有760余座蚕房。农业的专业化带动商品经济的繁荣，凭借水路优势，九江崛起成为远近闻名的商品集散地，“一船蚕丝出，一船白银归”，圩市在九江萌芽壮大。其中，以九江大圩最为繁盛。

九江大圩最早由乡人利用水运优势，沿九江涌（古称里海、大涌）、九曲涌（九曲十三湾）而建，依托发达的商品经济，迅速发展壮大。“九江十三湾，湾湾有财主”正是九江商业繁盛的有力体现。

据《九江儒林乡志》记载，“大圩上自长磡头，下至显步街。逾桥，迤南东福里，迤北船栏街。东西两岸为街二十六，为行市七，为铺一千五百有奇，

老城区是九江商业繁盛的见证（梁平　摄）

万货丛集，百工填委，洵邑中圩市之大者。”彼时，九江大圩共设有蚕丝行、蚕纸行、布行、鸡鸭行、鱼种行、旧桑圩、新桑圩等七大专业行市。

商品经济繁荣带动了服务业发展。到20世纪初，九江大圩一河两岸的酒楼、金铺、银号、戏院，一家挨着一家，布满了整条街；南京楼、冠江楼被认为是南海最好的酒楼，食客纷纷慕名前来，日夜喧嚣。

“大门楼，是九江街坊聚会的地方；振发楼，又称‘飞机楼’，是具有代表性的华侨大宅；三元桥，蕴含九江学子‘连中三元’的希冀。”游走在老街区，区伟洛像看到一个个老朋友，如数家珍。

圩市的繁荣带动了大量人口流入。在1926年修筑佛山至江门铁路的计划调查中，记录了当时铁路途经的九江城区人口已有二十多万；而根据20世纪30年代的南海县（今佛山市南海区）资料记录，“邑内最大之市镇，为佛山与九江两处”。

商业繁华和人口集聚让九江影响力与时俱进，在20世纪20年代达到顶峰，其标志性事件是九江镇升格为九江市。1926年2月2日，当时的广东省民政厅通过一项决议："九江是南海县属巨镇，地居南海、顺德、鹤山衢要，商务殷繁，将其改为独立市。"

升格后的九江与广州市，同是不列入县范围的地方行政区，直属广东省民政厅，并议定了《九江市政筹备处暂行条例》，以便施行九江市政。这是南海区范围第一次试行现代市政建设的城市，比后来的南海市（今佛山市南海区）早了足足76年。

由于各种原因，九江市并未持续太久。但在区伟洛看来，这段短暂的历史是九江过去商贸繁盛的有力证明，成为"小广州"身上的独特标签。

时至今日，建于20世纪30年代的寿母桥上仍刻有"九江市"的字迹。历经数百年，九江大圩仍以一河两岸为骨架，虽然昔日的闹市繁华已经不再，但岭南风格与侨乡风情相融相辅，条条巷道仍可见历史文化古镇肌理，勾勒出一幅蔚为壮观的昨日画卷。

海纳百川，商业文化在此沉淀

【当年，各种因素叠加，让九江商贸业在数百年间不断迈向新高度。而随着一系列有利条件的改变，尤其是水路交通被陆路取代，九江的枢纽作用下降，逐渐归于沉寂。】

商贸发展自有其规律。如果放在更宽广的文明进程中观察，可以发现九江的繁荣是历史的必然。

中山大学历史系教授温春来在研究岭南文化发展脉络时发现，南海在千百年的发展中，呈现出海纳百川的文化赶潮现象：从秦汉时期华夏先民的逐潮而下，到唐宋时期南粤商旅赶潮而出，宋元时期中原移民逆潮而生，再到明清时期广府人民知行合一、遏潮而兴。在这个过程中，南海逐水成圩，因村成市，形成发达的"市"文化，发展出高度的城市文明。

九江有着便利的交通，发达的水运，天然的港口，还有独特的桑基鱼塘生产模式。当年，各种因素叠加，让九江商贸业在数百年间不断迈向新高度。而随着一系列有利条件的改变，尤其是水路交通被陆路取代，九江的枢纽作用下降，逐渐归于沉寂。

虽然辉煌远去，但这段历史并未消失，而是在岁月沉淀中成为独属一方的文化，铭刻在九江人的基因里。

除了斑驳的石板路和古朴的建筑群，昔日商贾繁荣给九江留下了一批百年老字号，时至今日仍是九江人宝贵的财富。

九江“三宝”中的双蒸、煎堆、鱼花，以及酱油酿造，都拥有上百年的历史。其中，九江双蒸米酒始于清道光年间，是九江独特的酿造技术所酿出来的豉香型白酒，从晚清到民国，都是九江的支柱行业之一。时至今日，几许沉浮，九江仍是全国最大的米酒生产基地。

同样拥有百年历史的还有九江的酱油酿造。晚清时期，九江已有亿珍、长丰、常茂、调聚等多个家族经营的酱园。如今，由聚隆、调聚、永春、大隆等酱园组成公私合营的奇峰调味仍承载着九江人对美味的追求。

除了有形的老字号，商贸繁荣还给九江人带来丰富的精神和文化财富。

正是得益于商贸业发展，九江奠定了殷实的经济基础，为九江重教创造了良好环境，培养出一批为国为民、树品立德的乡杰。他们情系桑梓，以建设家乡为己任，又成为商贸兴旺的重要推动力。

九江大圩的建设就得益于一批士绅的接续努力。生于明代中叶的陈万言在20多年官宦生涯中一直为民，为了规范日渐兴起的商贸业发展，他率先创建了九江大圩的前身良村圩。同时为了教化乡民，他在九江大圩正埠街建了关圣帝君庙，希望借关帝的忠义之名，“为世道泯诈虞，为人心祛叵测”。

此后，包括黄重、朱让等贤达亦先后推动了圩市发展。至明末清初，在九江形成了里海、良村、岳湾三圩鼎足的局面。清代中期，三圩统称为“九江大圩”，开启了数百年的辉煌历程。

为了记录乡杰对九江商贸业发展乃至对九江历史文化的影响，区伟洛曾收集整理了在民间流传的名人典故，创作成故事画。他希望通过自己的画笔，让更多九江人了解过去发生在这片土地上的故事。

圩市不仅推动了九江的繁荣兴旺，更塑造了九江融合南北、会通中西的文化特点，成为九江海纳百川地域性格的重要体现，也造就了九江人审时度势、开放进取、敢为天下先的商业精神。

到民国初年，九江商业空前繁荣，商贾云集，所生产的丝绸、米酒和酱油在海外极受欢迎。凭借前期的充分积累以及敏锐的商业洞察力，不少九江人远赴海外经商发展，把九江的商业种子散播到全世界。

历史不远，酝酿新的灿烂

【领略过无限风光的九江人，在面对时代变幻时多了一份气定神闲，仿佛那段历史从未远去。】

历史总是惊人相似，但不会简单重复。

百年前的商贸鼎盛时期虽然已经过去，但领略过无限风光的九江人，在面对时代变幻时多了一份气定神闲，仿佛那段历史从未远去。这片炽热的土地依然藏着无限可能，只要等待合适的机会，就能创造新的辉煌。

谭煊文就见证并推动了沙口商贸业的复兴。沙口位于九江大涌下游，是河涌进入西江的交汇点，历史上依托码头之利形成了繁忙的圩市，鼎盛时期拥有竹杉业、酱园、茧市等行业共二百多间铺户。

和九江大圩一样，因水运而兴的沙口旧圩，也随着交通方式的改变日渐式微。但沙口的商贸业并未因此沉沦，凭着九江商贸发展的先天优势与厚重的历史沉淀，沙口成功抓住新的历史机遇，迎来了一轮商贸复兴。

在九江镇上东村民委员会担任干部多年的谭煊文清楚记得，沙口商贸业的复兴可追溯到20世纪90年代初，改革开放的鲜活气息带动了外贸业发展。当时，包括上东、沙口在内，以及周边的下东村、大谷圩、南乡、文昌社区等，是九江人口相对集中的区域，有近4万人，很多小摊小贩自发在沙口片区摆档售卖商品。

意识到其中蕴藏的商机，1993年，上东村率先拿出25亩地，建设了九江首个村级大型综合市场，一半用于售卖肉菜、杂货日用品，一半用于旧家电销售。

“九江的江面比较宽阔，彼时有很多商船停靠在此，购买日用品、肉菜，或是在香港进口旧家私、家电回来，贩卖给岸上卖场的人。在物资短缺时代，商品非常走俏，吸引了顺德、高明、鹤山等周边地区的人前来采购，带动市场铺位一铺难求。”

综合市场很快就满足不了需求，1999至2000年间，九江沙口电器市场第二期开业，累计招商80多户，至此沙口电器市场售卖二手家电的商铺已超160间，达到满租状态。

“想象不出来有这么火爆，即便铺租提升了一倍，也还是有很多人想要进来。不论是买菜、买衣服，里面都挤满了人。”谭煊文记得，当时的沙口被称为佛山的“白鹅潭”，一度出现在市场排队付款的人比在银行排队的人还多的现象。

30年时光似箭，近年随着互联网的兴起，沙口电器市场虽然不再像从前那般繁华热闹，但仍不时有市民前往购买日用品、海鲜。

但在谭煊文内心深处，九江沙口电器市场依旧人来人往，就像百年前那个繁盛的九江，未曾走远。

面对时代变幻，九江人从来不紧不慢，带着一份独有的从容与自信，等待着下一轮机遇的到来。

如今走在九江大圩那恍如迷宫的巷道中，七拐八拐后总能到达红棉公园，昔日的圩市中心，现在只剩两棵高达25米的木棉树，陪伴了街坊260多年。春夏秋冬，木棉花开花落，见证着一个时代的远去，也期待着下一个时代的到来。

下 饮水思源的“接棒人”

站在九江希尔顿惠庭酒店（下称“九江希尔顿惠庭”）顶楼向远处眺望，南方小镇被江河环绕，郁郁葱葱，安静又温柔。

这样一幅景象，对于离开九江多年才重返家乡的马名骏来说，是触及心底的柔软。

九江希尔顿惠庭的前身是“辉利大厦”，是过去九江的制高点、一段辉煌历史的代名词。早在20世纪90年代初，这里就已是南海乃至佛山声名大噪的城市地标。

年少时，跟随父辈到辉利大厦吃饭是马名骏最开心的事情，看着外面车来车往，九江的繁荣成为他脑海中挥之不去的记忆。

20年时光荏苒，如今的他让这座昔日的地标重生，不仅是基于商业的考虑，更是希望重现昔日的繁华。

在历史的深处，作为商贸重镇的九江，培育了一批远近闻名的大商人，他们凭借良好的信誉、敏锐的眼光、拼搏的精神，撑起了九江数百年的商贸繁荣。

当历史的书页翻到今天，越来越多年轻的“九江商人”像马名骏一样，选择了家乡，踏上了归途。

他们的选择，也让九江这座古商埠，在新的风口上，迎风而上。

时隔三十多年，一个地标的重生

【作为九江此前的城市地标，辉利大厦诞生的时代，正是九江上一个蒸腾日上、乘势而起的黄金时代。儿时的那一幕幕，在马名骏脑海里从不曾消失。】

端午假期刚过，九江希尔顿惠庭又迎来一轮住宿小高峰。由于地处中心城区，又临近吴家大院、朱九江公园、海寿岛等景点，这里成为不少过夜游客、返乡探亲人们的绝佳选择。

九江希尔顿惠庭，为希尔顿惠庭品牌落户佛山的首店（九江宣办供图）

此时此刻，还有几天九江希尔顿惠庭就将迎来开业一周年。2023年6月19日，九江希尔顿惠庭在辉利大厦原址开业，成为该品牌落户佛山的首店。

马名骏还依稀记得在开业现场发言时的那份紧张。但当与坐在台下的父母对视时，他忐忑不安的心愈发坚定。

“九江是一座具有烟火味和人情味的城市。当初选择回来九江，我们没有想太多的以后，只是怀揣着很简单的想法，就是要回来，做一些力所能及的事。”一年过去，马名骏愈发坚定。

时间回到2020年。彼时，马名骏还在大洋彼岸从事金融业，每天都与数字打交道。一则辉利大厦挂网拍卖的消息打破了生活的平静。

辉利大厦对很多九江人来说，是一个不可替代的存在。建于20世纪90年代的辉利大厦高19层，是当时九江城区中心最高的建筑，外部装修金光璀璨。作为九江镇最早挂牌的三星级酒店，当时在辉利大厦摆酒宴请，是财富的象征。

大厦周边人来人往，小时候的马名骏最喜欢透过玻璃看外面各式各样的车辆，他觉得这里就是连接新世界的大门，可以看到很多别的地方看不到的新奇潮流的东西。

辉利大厦诞生的时代，正是九江上一个蒸腾日上、乘势而起的黄金时代。20世纪八九十年代，改革开放的春风沿着西江黄金水道，率先吹到了这座昔日的商贸重镇，吸引了大量人口涌入。马名骏的父亲正是循着这股潮流，从湖北来到九江，落地生根。

在这片热土上，所有人都努力寻找着自己的机会。马名骏的父亲最初在罐头厂做司机时，每天都起个大早，不到六点就前去码头报关，即便在门口排队等候工作人员上班，也要做第一个报关的人。“做什么都要早，要我们去等别人而不是让别人来等，这样或许能离成功更近一点，这是父亲教会我的。”

九江自古商贾云集，也由此催生了博大精深的九江商业文化。扎根在九江，受浓厚的商业精神影响，凭借勤奋和对机遇的敏锐嗅觉，父辈有了自己的产业，创造了属于自己的奔腾年代，成为九江经济繁盛的时代注脚。

近30年过去，身在澳大利亚的马名骏看到辉利大厦拍卖的消息，对九江的感情、对辉利大厦的回忆，如电影倒带一样，一幕幕在脑海中闪过。他意识到这是一个难得的机遇，虽然辉利大厦昔日的辉煌已远去，但九江的商业底蕴还在，九江人的消费力还在，新的商业周期有望随着经济发展加快到来。

在看到拍卖消息后不到一周时间，马名骏作出一个大胆决定，他参与了辉利大厦的拍卖，并成功拿下了这座九江地标。

为了让辉利大厦获得新生，他决心要做到最好，将辉利大厦更现代的一面展现给九江人。他从澳大利亚回到九江，亲自跟进改造，在现场一蹲就是十天半个月；和团队一起讨论，反复评估，成功把佛山首个希尔顿惠庭品牌引进九江。

“当时在别的地方也有很好的机会。所以很多朋友问我，为什么有这样的勇气，为什么要在经济环境不太稳定的时候做这么大的投资。起初我也没有直接回应，后面想来，大概是九江给了我这样的勇气。”马名骏说。

事实证明了马名骏的眼光。2023年中秋国庆双节，九江希尔顿惠庭在开业后的第一个节假日，就取得了不错的成绩。国庆当天的九江龙舟赛盛况空前，由于酒店可以直接看到扒龙船的景象，成为重要的打卡点。加之酒店周边有不少历史古迹，也成功吸引了众多游客入住，“一房难求，十分爆满”。

如今一年过去，站在酒店最高层朝远处望去，马名骏有了更多的感慨。20年前，放眼望去都是村屋，阡陌纵横，连一条水泥路和沥青路都很少见；如今的九江现代与传统并存，岭南水乡的韵味依旧。

九江最大码头，一段传奇启航

【区杰鹏后来才意识到，自己凭借商人的敏锐眼光对九江发展作出的判断，正是这座商贸重镇数百年繁荣兴盛的重要原因。】

如果说，马名骏选择回到九江，很大程度上源于对家乡的眷恋，那么区杰鹏从番禺来到九江进行重资产投资，则是被这里得天独厚的水运条件所吸引。

在西江中段，位于九江的南鲲码头，每天都是一派繁忙的景象：重型卡车来来往往，大型集装箱满载货物。这里是佛山吞吐量最大的码头。来往的货物中，既有从北方而来的大豆、玉米、粮食等大宗产品，作为海天酱油等知名企业生产的原材料，也有林氏木业、九江双蒸、蒙娜丽莎陶瓷等企业生产的家具、米酒、陶瓷产品，从这里出发，运往全国乃至全球。

看着宽阔平静的江面不时有商船驶过，区杰鹏的思绪一下被拉回10年前。2014年，在平洲从事玉器贸易多年的区杰鹏作出一个重要决定，从贸易向实业转型，“玉器贸易波动性大，希望找到值得一辈子深耕的事业。”

在两年时间里，他进行了多方考察，一直寻找着合适的投资项目，在机缘巧合下，位于九江的南鲲码头进入了他的视野。

南鲲码头在2006年立项，于2009年开港，是禅南对外经济交流的重要口岸。

经过不到半年的接洽，2016年，区杰鹏成为南鲲码头的第二任老板。

“有朋友问我为什么退出深耕多年的翡翠玉器行业，转而进行重资产投资，还是此前没有经验的码头实业？当时看来这是一个相对冒险的决定。但九江优良的航运条件给了我足够底气。”区杰鹏说。

在水网发达的珠三角，适合通航的地方很多，但在区杰鹏看来，位于西江边上的南鲲码头拥有其他地方难以比拟的先天优势。和其他江河相比，西江水道无论通行环境还是通航能力都更胜一筹。同时，南鲲码头位于西江最开阔的

九江有着便利的交通，发达的水运，天然的港口（梁兆林　摄）

江湾，近1公里的岸线水文条件优越，这在南方十分罕有。

尤为重要的一点，是南鲲码头所在的九江背靠佛山，拥有万亿元级制造业作为腹地。“如果没有后方强大制造业的支撑，码头无法发挥更大的运输作用。正是因为腹地的生态环境，才能铸造南鲲码头的发展。”

区杰鹏后来才意识到，自己凭借商人的敏锐眼光对九江发展作出的判断，正是这座商贸重镇数百年繁荣兴盛的重要原因。

自古以来，九江靠水吃水，水养一方。在九江的发展曲线中，水运与商业的发展走向高度重合。昔日，便利的水运、优越的码头，造就了五百年商贾繁荣的九江。如今，随着环珠江口100公里黄金内湾的建设，水运作为连接大湾区与世界的纽带，其功能正被重新审视。

2024年，南海区政府工作报告提出，要整合码头资源，加快南鲲码头建设，打造物流枢纽，这为九江物流服务能级的提升，提供了更明确的发展方向。

“这对我们来说是一个难能可贵的机遇，相信在政府的重视与推动下，码头资源凭借可塑性高等优势，将助力九江的优势进一步放大，让更多人重新发现九江。”区杰鹏介绍，近年随着吞吐量的稳中有升，他计划着，逐步提升南鲲码头的吞吐能力，未来将现有的3个泊位扩充至6至8个泊位，实现更大的承载能力。

一个更现代化、更便利的码头，也在区杰鹏的推进下展露新颜。比如，在软件方面，累计投入近2000万元升级软件系统，实现了数据先行、无纸化办公；在硬件方面，也先后开展道路硬底化、员工饭堂改善、办公楼重新装修等系统工作。

在新时期，码头已不单单是货物运输的中转站，而是逐渐成为区域招商的重要窗口。由于毗邻九江临港国际产业社区等新兴产业园区，南鲲码头已逐渐成为客商到访九江的第一站，高峰时期一周接待4至5个前来考察的团队。九江便利的水运优势，赋予了不少项目坚定落户九江的信心。

8年时间一晃而过，从起初的陌生，到如今逐渐熟悉，区杰鹏喜欢将南鲲码头比作相见如故的兄弟，把投资九江视作自己职业生涯最重要的抉择。“和九江结缘，一切就像是命中注定。”

年轻人归来，接力棒在他们手上

【当规划图一步步变为实景，张伟强感到很欣慰。拔地而起的高楼、崭新的园区，意味着从父辈手中接过接力棒的他，做到了延续与创新。】

在九江商业数百年的兴衰起伏中，从来不缺传奇故事。除了外部环境改变带来商业周期的波动，一代代人的接续传承，也让九江商业发展在每一次的蛰伏过后，都能找到新的向上力量。

从南鲲码头向东驱车不到15分钟，就能抵达广东中元创新科技有限公司（下称“中元创新”）。这里是张伟强梦想的启航地。

土生土长的九江人张伟强，是中元创新的董事长，在家乡已奋斗拼搏了24年。近段时间，中元创新园区迎来了很多新变化，原有的办公楼进行装修升级，并建起了很多新载体，命名为“中元科智园”。

在张伟强的构想中，中元科智园一方面用于推进企业原有产业转型升级，另一方面则主要用于发展数字化技术应用产业，为九江推进数字产业及人才的聚集提供更为丰沃的土壤。

九江夜景透着生机与活力（霍广良　摄）

当规划图一步步变为实景，张伟强感到很欣慰。拔地而起的高楼、崭新的园区，意味着从父辈手中接过接力棒的他，做到了延续与创新。

中元创新生产的拳头产品占据全球家用数字电视天线市场份额超50%，是名副其实的全国制造业“隐形冠军”。但时间倒回1979年，张伟强的父亲在创业之初，只能从废品回收站找寻材料、变废为宝，在老祖屋完成初代产品的研发生产，一步步摸爬滚打，成为改革开放后九江第一批民营企业家之一。

在张伟强的印象里，父亲是一个很勤劳的人，很愿意去动脑筋，凭借自己研究的技术和敢为人先的尝试，才能在改革开放初期闯出来。“我一直和孩子们说，爷爷是一个小发明家。”张伟强说。

张伟强的母亲张范珠同样在商海浮沉40年，不仅创办了国内第一家生产纤维假发头套的企业，更积极回馈社会，组织成立了慈善组织九江慧怡会。

“父母一直给我的人生、我的家庭产生积极正向的影响。从他们身上，我看到了九江人务实经营、吃苦耐劳的商业精神。”2000年，张伟强从父辈手上接过棒子，特意在公司名字上添加了“创新”二字，希望在发扬光大父辈产业的基础上，展开更多的新尝试。

在张伟强眼中，中元创新是两代人共同努力的成果，自己也将跟随父辈的脚步，继续扎根这片土地，做大做强。

拥有更开阔视野的他很清楚，和先发地区相比，无论是企业还是家乡九江，要有更好的发展，需要吸引更多年轻力量，带来更大的发展活力。

为了帮助企业，同时也是为九江吸引更多青春力量，张伟强在坚守传统产业的同时，有了新的想法。他谋划在中元科智园打造青年科技创新空间，以更低的成本，为青年创新创业提供更多的机会、空间。

同在九江创业，在马名骏内心深处，也有着类似的使命感。“和我差不多大的年轻人，很多都在外面发展。我很希望能通过希尔顿惠庭这个项目，为家乡带来更多创业的机会，吸引更多年轻人回来九江，感受九江的变化。”

人物口述

来到九江，是人生非常正确的决定

发达的水路交通孕育了九江商业繁荣的基因，数百年来始终是九江最重要的资源禀赋之一。时至今日，位于九江的南鲲码头仍是佛山吞吐量最大的码头，每天仍是一派繁忙的景象：重型卡车来来往往，大型集装箱满载货物。

看着宽阔平静的江面船来船往，区杰鹏的思绪一下被拉回8年前。2016年，29岁的区杰鹏来到九江，成为南鲲码头的法人代表，实现了从玉器贸易向码头实业的职业转型，从此与这座商贸重镇结缘。

区杰鹏认为这是他人生非常重要的决定，如今看来，也是非常正确的选择。以下是他的讲述：

这里让人感到踏实安心

我是广州番禺人，和南海有着诸多渊源。2005年，我的第一份工作就在南海平洲玉器街从事玉器贸易。随后几年，我国翡翠玉石行业进入快速发展期。凭借前几年在行业的积累，我在这一时期抓住了机遇，获得了不错的发展。

在贸易行业摸爬滚打多年，我一直有一个实业梦，并在2014年开始到各地考察，寻找合适的投资机会。在机缘巧合下，与南鲲码头结缘。

此前我也考察了很多项目，但南鲲码头得天独厚的自然条件让人眼前一亮。作为佛山吞吐量最大的码头，南鲲码头在2009年开港后，就依托西江黄金水道，成为禅城、南海等周边地区对外经济交流的重要口岸。

经过前期洽谈，2016年我成为南鲲码头的新一任老板。当时很多朋友对我的决定不解：为什么退出深耕多年的翡翠玉器行业，转而投身重资产的码头实业，而且是此前不熟悉的九江？

支撑我作出决定的，是西江水道良好的通行环境和优越的通航能力，同时，南鲲码头岸线长约960米，占地面积18万平方米，有3个泊位。这样的岸线资源、码头资源相对优越。

尤为重要的一点是码头背靠佛山腹地，拥有雄厚的制造业基础。多元的产业生态环境，是南鲲码头发展的最大底气，成为佛山制造沟通内外的重要窗口。

比如，海天酱油是我们的一大客户，其用于生产酱油的原材料，如大豆、玉米、粮食等从北方经海运一路南下，进入西江航道后从南鲲码头进行中转。与此同时，佛山本地生产的产品也通过码头对外输送，包括海天酱油、林氏家居、九江双蒸、蒙娜丽莎陶瓷等产品的原材料就从南鲲码头登陆，成品也从这里出发，运往全国各地。

虽然此前我对九江了解得不多，但在很小的时候，就知道九江双蒸。来到九江后发现，这里确实是一块福地、宝地，九江人非常淳朴，可以说是“一方水养一方人，好水养好人”，在这片土地上我感到很踏实、很安心，平时也会受邀参加周边村居的龙舟活动。

经过8年深耕，如今我已经把九江作为自己的第二故乡。

为九江商贸流通业贡献力量

来了九江后，我才知道这里原来有“小广州”的美誉，过去以商贸繁荣著称，这得益于本地四通八达的水网。如今，南鲲码头作为九江重要的基础配套，我们也希望通过自己的努力，为九江商贸流通业发展贡献力量。

当前，南海区政府提出要整合码头资源，加快南鲲码头建设，打造物流枢纽，这对我们来说是一个难能可贵的机遇，给了我们信心。相信在政府的重视和推动下，我们一定能迎来更好的发展。

为了更好地服务地方经济发展，近年我们也加快了码头升级的步伐。在软件方面，累计投入2000万元升级软件系统，实现了数据先行、无纸化办公；在硬件方面，也先后开展了道路硬底化、员工饭堂改善、办公楼重新装修等系统工作。

但这些还不够，我们正计划逐步提升南鲲码头的吞吐能力，未来将现有的3个泊位扩充至6至8个泊位，实现更大的承载能力。

在服务上我们也将加快升级，在码头加大新能源板块的开发应用，对船只进行改造，对装卸环节进行优化，打造一个更高效、安静、洁净的码头。

如今，码头已不单单是货物运输的中转站，也逐渐成为九江招商的重要窗口。南鲲码头毗邻九江临港国际产业社区，为园区的产业发展提供了重要配套，也成为园区招商工作的重要“卖点”，是客商考察九江的重要一站。在高峰时期我们一天要接待多个考察团队，他们看到九江便利的水运优势，也坚定了落户九江的信心。

回看过去8年，从起初的陌生，到如今逐渐熟悉，九江成为我的重要依靠，南鲲码头能取得现在的发展，得益于这个时代。我时常问自己，倘若让我再来一次，再走一次从前的路，会怎样？我想我依然会坚定选择九江。

这一路走来，和九江结缘，一切就像是命中注定。

回家，回到温暖潮湿的南方小城

一座城市地标，指引着家的方向。20世纪90年代，坐拥九江一河两岸的辉利大厦已是佛山声名大噪的地标，站在金碧辉煌的建筑楼顶，不仅可以俯瞰整个九江城区，更是每年龙舟赛的最佳观赛点。

如今，这座满载九江人回忆的地标正以全新姿态，讲述着与南方小城新的故事。“95后”马名骏是辉利大厦升级改造的推动者。在海外求学工作多年，他带着孩童时期关于家乡的美好记忆回到九江，回到梦开启的地方。

年轻的马名骏为何如此果敢？他说，是家乡给了他这样的勇气。以下是他的讲述：

城市地标指引了回家的方向

我从小就在九江长大，后来离开九江外出求学，但这座具有烟火气和人情味的小城始终萦绕在心头，挥之不去。

我父亲是湖北人，早年南下寻求发展机会，机缘巧合下定居在九江。我在九江出生，年少时随父母居住的房子距离辉利大厦不远，一直听着这座大楼的“威水史”长大。

当时的辉利大厦是九江城区中心最高的建筑，也是镇内唯一一家星级酒店，外部装修金光璀璨，酒店门前每天车水马龙，好不热闹。在年幼的我眼里，这里是新奇、潮流的汇集地，打开了了解世界的大门。

长大后，我跟随西江的滔滔江水，走向了更广阔的世界，前往澳大利亚等地留学深造，毕业后又在大洋彼岸从事金融工作，每天都与数字打交道，日子平淡而充实。

离家多年，偶尔我也会想自己想要做什么，想要成为怎样的人，会怀念在九江的日子，怀念那里的人和事。

2020年，一个偶然的机会，我从朋友那里了解到辉利大厦要挂网拍卖的消息，心头为之一颤，关于辉利大厦的很多难忘回忆像电影一样快速回放。平静下来后，我有了一个大胆的想法：回到故乡，回到那座温暖而潮湿的南方小城。

在看到消息后不到一个星期，我便决定参与辉利大厦的竞拍，并幸运中标，开始一笔一画描绘自己心中的梦想。

我始终坚信，辉利大厦在九江人心中依然拥有举足轻重的地位，属于这座地标的时代并未远去。我希望用自己多年在海外学习工作的见闻和经验，让大厦重新焕发新生机。

于是我从澳大利亚回到九江，开始了另一种生活。为了达到最好的效果，我亲自跟进了整个改造工作，在现场蹲守十天半个月成为常态；和设计、施工团队反复讨论，以更符合现代审美的铝板升级替代金碧辉煌的外立面，并多方筛选评估，最终选定了希尔顿惠庭酒店品牌作为合作方，让品牌的佛山首店落到了九江。

是投资更是一份责任

从投资的角度看，相比起拆除重建，对旧楼进行改造升级涉及的资金、难度都不小，但对九江来说，辉利大厦本身具有重要的文化价值，对大厦进行改造升级不仅是一次投资，更是一份责任。

也有很多朋友问我为什么有这样的勇气，为什么要在经济环境不太稳定的时候做这么大的投资。现在想来，除了年轻希望多尝试，也是出于一份家乡情。

最让我自豪的不是酒店在开业后的第一个长假期就实现了“一房难求”，而是能够得到更多九江乡亲的认可。在一次九江乡亲活动中，很多港澳乡亲看到辉利大厦焕然一新，都表现出莫大惊喜。

一位澳门乡亲在大厦改造之初曾表达过要做成这件事并不容易的看法，当他看到全新的希尔顿惠庭酒店重现了当年的繁华，对我表达了特别的认可，这让我觉得一切努力都是值得的。

2024年，第二届广东南海大地艺术节将在年底开幕，从西樵延伸到九江来。这也给我们带来了更大的发展机遇。我们希望抓住这个难得的机会，对接各方面资源，推动“文旅+住宿+餐饮”等资源整合，推出更多可供市民选择的优质供给。

接下来，我也希望通过商业协会、青年企业家协会等平台，和更多的长辈、同龄人有更大的合作交流空间。

时间如白驹过隙。20年前，站在辉利大厦的顶楼放眼望去，大多是村屋，阡陌纵横。如今的九江现代与传统并存，就是岭南水乡现代化都市的模样。

和我差不多大的年轻人，很多人可能没有选择回到九江发展。我很希望能通过这个项目，为家乡带来更多的创业机会，吸引更多年轻人回来九江，感受九江的变化。

左 直至今日，每年依然有7万吨左右的白酒，从九江流向全球各地（九江宣办供图）

右上 九江煎堆传统制作工艺（梁平 摄）

右下 龙船饭承载着九江人的人情味（梁平 摄）

烟桥村如今仍保存着大量的清代建筑群，规划严整、肌理尚存（梁平　摄）

南海儒林实验学校
南海儒林实验学校

坚持 忍耐
HSXX
海寿乡村少

上　朱次琦在九江开设礼山草堂，倡导“经世致用”的教育理念。图为朱九江纪念公园（九江宣办供图）

左下　2024年9月，九江首所九年一贯制公办学校落成开学（孙景锋　摄）

中下　午休时间海寿小学学生排队嬉戏（孙景锋　摄）

右下　烟桥环村水道经过修缮后水清景美（梁平　摄）

左上　2024年九江国庆龙舟嘉年华比赛现场（梁平　摄）

中上　九江龙舟队日常训练（梁平　摄）

右上　龙舟队员庆祝胜利（梁平　摄）

下　一年一度的国庆龙舟嘉年华被喻为“九江佬过大年”（梁平　摄）

庆祝中华人民共和国

左　参与竞艳的龙舟齐聚一堂（梁平　摄）

右上左　村民欢快地跃进水里参与起龙（郑国恒　摄）

右上右　起龙是传统龙舟民俗的重要环节（郑国恒　摄）

右下　竞艳是九江传统龙舟特色民俗文化（梁平　摄）

力争上游的龙舟精神时刻鼓舞着九江人（梁平　摄）

共和国成

左　龙船饭的热闹场景（九江宣办供图）

右　九江人从小受龙舟文化耳濡目染（郑国恒　摄）

九江雙蒸
九江
雙蒸

第五篇

酒

上

酒是故乡醇

崔汉彬和酒打交道已有32个年头，这让他成为最懂酒的一批人之一。

一杯白酒，他只需闻一下，就能说出酒的种类，使用什么曲种，采用了什么生产工艺。

了解越深，他越能感受这杯九江酒的分量。

南海九江，是中国米香型白酒最大的产出地，在清代就有“巷巷有酒坊，街街有酒店，人人论酒经”的文字记载。直至今日，每年依然有7万吨左右的白酒，从这里流向全球各地。

西江水源，独有的曲种与酿造技艺，造就了九江酒独一无二的绵甜、醇厚，一如九江人的性格。在漫长的岁月里，这一味酒就像那奔流不息的江水，缄默又温情地渗入了九江人的生命，并跟随九江人闯荡的步伐，传到世界各地，承载着全球九江人乃至华人共同的乡愁。

敬生活

【外人很难理解九江人对酒的感情。九江人最开始饮酒，不是风花雪月的浪漫，而是养家糊口的刚需。】

如今作为九江酒厂大师工作室主任，全国46位首席白酒专家评委之一，回顾自己的成长历程，崔汉彬认为回到九江，是自己人生中最重要的选择。

崔汉彬是九江沙头人，但从小跟着父母在狮山罗村长大。1992年，他大学从食品化学专业毕业，面临新的人生抉择。

20世纪90年代的大学生选择很多，世界也很大，但他毅然选择回到家乡。在他的记忆里，那里江水清澈，空气清新，每次回去，他那因为敏感而咳嗽不断的气道，总能得到很好的安抚。

九江盛产酒，是中国最大的米香型白酒产地，每年生产的白酒可以灌满34个标准游泳池。从小，崔汉彬的生活里就少不了九江酒的身影。九江人办喜事，提上两瓶酒送礼是最大刚需。逢年过节家里聚会，总要来上三两杯。

酒文化成为九江最知名的文化名片之一（九江宣办供图）

就连平常的日子，人们也喜欢在家里存上一瓶酒，兴致来了斟上一杯。九江酒还融入九江美食中，成为厨房里重要的调味料，煮蛋汤、炒肉片，就连炒青菜也要浇上两勺，去腥，提鲜，给菜品注入灵魂。

不论是情感上，还是理智上，崔汉彬相信，九江酒大有可为。

带着对未来的憧憬与期待，崔汉彬回到家乡，进入酒厂工作。32年，11 000多个与酒打交道的日日夜夜，让他重新认识“这杯酒”的分量。他没有想到，酒与九江的故事，就像那酒香一样绵长。

九江所在的岭南地区拥有比文明史更漫长的酿酒史。在粤北出土的镂孔陶酒杯，证实了新石器时期广东已产酒。

900多年前，苏轼在岭南看到当地百姓酿制一种桂酒，酒味醇香，诗兴大发：“一杯罗浮春，远饷采薇客。遥知独酌罢，醉卧松石下……”

明清时期，岭南经济愈加繁荣。凭借当地丰富的物产资源、独特的酿酒工艺，岭南百姓酿制了诸多极具本土特色的名酒。九江酒，便是其中之一。

外人很难理解九江人对酒的感情。九江人最开始饮酒，不是风花雪月的浪漫，而是养家糊口的刚需。

九江扼西江、北江下游，地洼。九江先民初时以种植水稻为业。但因地势低，极易遭受洪水灾害，收成没有保障。

随着桑园围的修筑，九江先民因地制宜，将稻田挖深筑为鱼塘，再把挖出的余泥筑为塘基，逐渐形成连片基塘。明弘治十四年（1501年），九江居民开始捕捞西江鱼花，再放入九江鱼塘中蓄苗、养殖。渔业成为了九江人生计所系。

明末，九江已是“鱼塘十之八，田十之二”。到了清道光年间，九江堡已经“境内有桑塘，无稻田，仰籴于外”。

几乎同一时间，九江酿酒业不断发展兴旺，一时间“巷巷有酒坊，人人论酒经”。当时，最知名的有12家酒坊，号称“九江十二坊”，九江双蒸酒、三蒸酒、滴珠糯米酒成为九江特产，通过两江水路，行销珠三角。

这并非巧合。九江人以渔为业，常年与水为伴。到了寒冷的冬季，下水捕鱼、清塘消毒是一件苦差事。这时候，喝一杯活血暖身的九江酒，是九江人下水“揾食”的勇气，也是预防伤寒的良药。就连九江地里的牛，主人家也会喂上一槽红薯酒，抵御寒冬。

九江酒，应九江生产方式的变迁而生，也因水而兴，成为九江最广为人知的一面招牌。

敬山河

【水为酒之血。就如一条赤水河，酿出了茅台、习酒、郎酒三大酱香酒。如果酿酒用水有一条“鄙视链”，那么江河水必然站在顶端。九江酒的酿造用水，便是取自中国第三长河——珠江的主干，西江。】

经过多年筹谋，最近，九江酒厂总经理关正生为拍摄九江双蒸酒纪录片而忙碌起来。

对于纪录片他期望很高，甚至辗转找到斩获多个国内外纪录片大奖的导演梁碧波，为此片执导。

在西江码头边上出生、长大的关正生，比崔汉彬更能感受到，九江酿酒业的诞生与兴盛，是山、水与人，在漫长时空中的一次巧妙耦合。

在中国，每年有数不尽的谷物，经过蒸煮、糖化、发酵、蒸馏、陈酿、勾调，在微生物与时间的共同作用下，转化为一杯清亮芬芳的白酒。1979年，在第三届全国评酒会上，米香与浓、清、酱香，一起被确立为中国白酒的四大基本香型。

就如浓、清、酱分别作为长江、黄河和赤水河流域的香型代表，米香，是珠江流域的代表品类，也是四大香型白酒中，唯一一个以稻米为原材料发酵制作的。

九江酒流传至今，最具代表性的九江双蒸酒，就是典型的米香型白酒。它的诞生与一个传说有关。

200年前，九江的友隆兴酒庄还只是一家由夫妻共同经营的家庭作坊。有一天，妻子在作坊准备把刚蒸出来的酒搬走时，不小心把酒倒在准备蒸馏的酵饭里。无奈之下只好把新酒和酵饭混在一起重新进行蒸馏，没想到经过二次蒸馏的酒不但度数提高了，而且喝起来更加醇香，九江独特的双蒸技艺从此流传开来。

在不产米的九江，盛产以稻米为原材料的白酒，本就是一个奇迹。繁盛的水运交通，让这个奇迹得以实现。

在崔汉彬看来，九江酒的酿造，是天时、地利、人和的共同产物。

九江地处北江和西江的交汇之地，虽不产米，但早已成为销售和转运稻米的集散地。从堆积如山的各类稻米中甄选精品酿制成酒，对于九江来说，是酿酒成功的重要基础。

水为酒之血。就如一条赤水河，酿出了茅台、习酒、郎酒三大酱香酒。如果酿酒用水有一条“鄙视链”，那么江河水必然站在顶端。九江酒的酿造用水，便是取自西江。

西江发源于云南省曲靖市沾益区马雄山上游的南盘江，历经2000多公里长途跋涉，在九江形成最宽阔的江段。滔滔江水穿越崇山峻岭带来的微生物，在这里“安家落户”。

宽阔的江面，被西樵山、大雁山和茶山三山环绕，形成了一个平均海拔只有5米的沿江微盆地，每年2—3月，江面大雾弥漫。独特的地理结构，适宜的温度与湿度，让此处成为微生物的乐园。而酒，正是人们利用微生物的最早案例。

200多年前，九江先民就采用了西江水，与自制的酒曲混合，经过一系列奇妙反应，酿出了独具风味的九江酒。

历史、地理与环境的巧妙组合，随着2014年“九江双蒸酒”地理标志产品保护的实施，得到进一步强化。根据定义，九江双蒸酒是以西江水、大米、黄豆为原料，并在南海区九江镇的特定地域范围内，通过一系列传统工艺生产的白酒。

正如西江、北江塑造了九江，由江水酿造而成的酒同时塑造了九江人绵厚、淳朴的性格，成为全体九江人共同的精神寄托。在九江，人们赋予它另一个名字：九江水。

敬故乡

【“有华人的地方，就有九江双蒸酒。”漂洋过海的九江华侨们对“九江水”的喜爱是实实在在的。他们尝的是家乡酒，念的是家乡水，更是对根的致意。】

在古巴首都哈瓦那的华人圈，流传着一个故事：一位旅居古巴的九江老人弥留之际，嘴唇老是颤动，几天几夜依然如此，人们都以为他想讲什么话。后来有人用棉签蘸了一点家乡米酒在他的嘴唇上涂抹，这位老人很快面带微笑、永远地睡着了。

故事真实性有待考证，但“有华人的地方，就有九江双蒸酒”，漂洋过海的九江华侨们对“九江水”的喜爱却是实实在在的。他们尝的是家乡酒，念的是家乡水，更是对根的致意。

九江酒在诞生的200多年间，见证了一系列波澜壮阔的历史，九江酿酒业也跟随历史长河波涛起伏，一度式微。到中华人民共和国成立初期，九江酿酒业仅存12家酒坊。1952年，以永德兴为代表，利农、大德、公源等12间酿酒作坊共同组成九江酒业联营社，进行生产自救。

此后，九江酒业联营社先后经历了收归国有，民营资本承接经营等变迁，但九江酒的传承从未间断。2009年，九江双蒸酒传统酿造技艺入选“广东省非物质文化遗产”。

如今的九江，是中国著名侨乡，20多万九江乡亲分布在全球60多个国家和地区。200多年来，九江酒跟随九江人闯荡世界的脚步，行销海内外。在中华人民共和国成立后恢复轻工业出口到2000年，九江双蒸酒，一直都是中国白酒品类的出口冠军。

祖籍九江的旅港南海商会会长关亨时回忆起童年时在香港的生活，“家家户户都会摆放九江双蒸，除非不是广东人。”

到他长大，游历世界，发现无论是美国、加拿大还是东南亚，即使在更加偏远的地方，只要是华人聚居的地方，杂货店里一定会有九江双蒸，乃至有一种广为人知的说法：知道九江酒的人比知道九江的人还多。

跟随九江人传到世界各地的“九江水”，成为连接海外华侨的精神纽带（梁平 摄）

跟随九江人传到世界各地的“九江水”，其意义早已超出广东九江这一地理范畴，而成为连接更多海外华侨的精神纽带。

祖籍广东梅县，在印度尼西亚出生长大的第六代华裔钟家燕印证了这个说法。在钟家燕孩时的记忆里，家中常放着两三瓶九江双蒸。她有六个兄弟姐妹，她印象最深的是母亲坐月子时都会做上一锅双蒸煮鸡，或者用酒煮鸡蛋，作为产妇产后的最佳补品。

长大后，她依旧清晰记得母亲亲手做的鸡酒的香气。“它有一种很香的味道，妈妈加了姜，有时候会加一点芝麻油。”钟家燕说。

如今，外婆教给母亲的手艺，钟家燕又传给了自己的女儿。

那是妈妈的味道，也是家乡的味道。

下 生活的味道

晚上7点，晚市食客不断，林国晖在后厨忙到停不下来。

林国晖是九江老字号酒楼日日新的老板兼总厨，中国烹饪大师。从经营这家酒楼开始，将近三十年的时间里，他每日下厨，不敢松懈，因为“九江人，懂得吃”。

自古以来，水乡必擅于美食。西江、北江往南向海，给九江这座江滨小城带来了丰富的渔业资源，给了九江人追求美食的底气。

广东人务实，九江人在此基础上又多了一份对生活的悠然享受。美食反映了九江人的生活：一方面，看似朴实无华，不求珍贵材料、浓墨重彩；但另一方面，朴实背后是精细和精心，同时又不乏丰富和惊喜。

相比一些旅游城市，九江没有发达且声名在外的餐饮业。好吃的九江菜，是在一代代老百姓的厨房里、餐桌上形成的。

这是生活的味道，这是九江人的哲学。

低调的美食之乡

【在林国晖和他的很多同行看来，九江菜也丝毫不弱于顺德菜，并且也有自成体系的风格与精彩。只是因为种种原因，九江菜远远不如顺德菜那般广为人知。】

年少时，人是很难真正了解家乡的。

林国晖也是从业多年之后才恍然大悟，原来自己的家乡称得上是一个美食之乡。只是这份美好，相对低调，少为外界所知。

因为外公的一把刀，少年林国晖对做菜产生了浓厚的兴趣。那是一把厚重的刀，12岁的林国晖拎起来都费劲，外公却能用它斩件、片肉、切丝，如臂使指。这份兴趣，让林国晖从初中开始，就自己在家倒腾做菜，一度取代了母亲在厨房里的地位，掌管全家伙食。

21岁，林国晖进入西樵一家酒楼做后厨工作。他对美食的天赋很快被发现，酒楼从300多人中选派他到专业学校脱产学厨。后来，他又跟随澳门师傅学习酱汁调料制作，一直做到部长。

这段经历让他入了美食的门，但要说真正的职业生涯，要从他回到九江，钻研九江传统菜开始算起。那是20世纪八九十年代，改革开放的春风沿着江河吹到了九江，这里有了南海最早直通香港的客轮。凭借水路和侨乡优势，九江率先富了起来，一度成为南海潮流的风向标。

著名作家秦牧在他的作品《一个镇的纷繁色彩》中写道："江西有个九江，它是庐山脚下著名的地级市；广东也有一个九江，它只是一个县属下的镇，两个地方我都到过，若论市面的繁荣程度，后者是不逊于前者的。"

此时，回到九江的林国晖，感受到了蒸蒸日上的时代气息，富足又注重饮食的九江人，在美食一道上下足了功夫。在这种氛围带动下，林国晖一头扎进对九江菜式的钻研中，对藏在九江菜肴中的生活哲学有了新的观察。

林国晖发现，靠山吃山、靠水吃水，这种因地制宜、顺应自然的中国式生存之道，在九江人民的餐桌上体现得淋漓尽致。

水乡九江盛产鱼，不同品种的鱼，怎么个吃法，九江人都安排得明明白白：西江盛产的蓝刀鱼油香丰富，香煎后骨头都可以吃下去；小黄鱼有股独特的奶香味和脂香味，最适合香煎或凉瓜焖；白饭鱼口感爽脆，刺身一绝，煎蛋、火锅亦可；黄骨丁过油后焖，祛风除湿；笋壳鱼营养丰富，如果小孩子身子弱，先煎再加水和中药材一起煲汤，可提高免疫力……

九江盛产酒。在九江人的厨房里，采用西江水酿制的双蒸酒，是烧制两江鱼的绝配。焖鱼时加酒不加水，可去腥味、提鲜味。油锅煎鱼过火了，撒上一点双蒸酒，瞬间焦煳味就变成了焦香味。

九江人还坚决“应时而食”。九江多野菜。每到夏天，塘基上、堤围边、野地里，桑叶、崩大碗、百花菜等一众野菜争相冒头。熟知其功效的九江人将之摘下、洗净，炒菜煲汤，以作清肝明目之用。

英国作家朱利安·巴吉尼在《吃的美德：餐桌上的哲学思考》中提到：“吃饭这件事情，无形中折射出我们的生活方式、人生态度和价值观。”

九江人获取食物的非凡智慧，无处不在，一如千百年来的九江先民，在江边建起的桑园围。那是一种奋斗出来的，人与天地之间的另类和谐。

九江隔壁，就是顺德，联合国认证的世界美食之都。顺德菜让世界为之倾倒，长盛不衰，特别是在短视频时代，更是闻名天下。

而在林国晖和他的很多同行看来，九江菜也丝毫不弱于顺德菜，并且也有自成体系的风格与精彩，是其他地方吃不到的。只是因为种种原因，九江菜远远不如顺德菜那般广为人知。

“和味”九江

【在九江人的厨房里，五味的最佳存在方式，并不是让其中某一味显得格外突出，而是使五味调和以及平衡。这是地道九江菜的完美状态，也与九江人的性格底色一脉相承。】

真正的美食之乡，都有自己的性格。

九江乡村观察团成员陈荣彪近年来频频回到故乡。因为工作关系，陈荣彪走过很多地方，吃过很多美食，但九江味之于他，始终是最特别的。

在他眼中，九江美食，是一种文化的传承和发扬，也是一种生活智慧的体现。九江独特的生活智慧，决定了九江菜的性格。

身在局中的林国晖，对此感触更深。一方水土，养一方人，饮食习惯是一地区别于其他地方的重要标签。尝过湖南的辣、四川的麻、贵州的酸、江浙的甜，林国晖还是觉得，九江更“和味”。

在粤语里，“和味”既表示食物美味、好吃，也指五味调和，不过于凸显某一个味道，使食物的口感容易让人的味蕾接受。

“和味”，是均衡兼顾，也是开放包容。在九江人的厨房里，五味的最佳存在方式，并不是让其中某一味显得格外突出，而是使五味调和以及平衡。这是地道九江菜的完美状态，也与九江人的性格底色一脉相承。

煎酿辣椒，看似是一道很多地方都能吃到的粤菜，却也是九江传统菜的代表作，亦是九江菜“和味”风格的代表。

在九江，要做好这道菜，首先选取樟树港辣椒洗净去蒂，切开去核后酿入鱼胶。接着，将生抽、砂糖和米酒调成和味汁后，烧热铁锅，需中火到油温200摄氏度将锅烫匀。然后，清除余油，再将酿好的辣椒馅料朝下下锅，慢火煎至金黄色，再倒入调好的和味汁，中小火焖至辣椒表面刚熟，即可开盖收汁出锅。

烧酒、酱油和糖，能中和掉一部分辣椒过于刺激的辣味。连皮带馅一口咬下，既有辣椒和鱼胶脆、爽、滑的口感，又能尝到鲜甜中伴有酱香、脂香的味道，一口入魂。

很多人说，只有吃过九江人做的煎酿辣椒，才知道这道看似普通的菜，还可以这样好吃。

而最能体现“和”的精神，要数九江的古法捞鱼生。主菜上桌前，十几种配料就已经让人眼花缭乱。最妙的还在“捞”的过程：食客双手各执一双筷子，先放油、盐、胡椒拌一下，然后把葱、芝麻等配料倒下去再拌，接着再添油、盐、胡椒拌，最后下炸米粉丝、炸芋丝、炸麻花等脆口配料，将所有配料捞匀，就大功告成了。要是再配上一杯九江酿的双蒸酒，那滋味堪称一绝。

被誉为“九江三宝”之一的煎堆（梁建华 摄）

九江人为何偏爱“和味”？有人说，这跟九江的发展历史有关。历史上，这里一度货如轮转，商业繁华、人口稠密。近百年前，更一度升为九江市。20世纪30年代，有资料记载，“邑内最大之市镇，为佛山与九江两处”。

各地人口在此来来往往，让九江菜的风味，在一般的粤菜习惯基础上，更加兼容调和、丰富而不偏执。无论你来自哪里，总能在九江菜里，找到一份新鲜而喜欢的味道。

但九江的吃食，有的不只是味道，更有意头。“捞”字在粤语有着“闯”和“创”的内涵，捞鱼生寓意“捞起捞起，风生水起”。煎酿辣椒寓意“一招取胜”。而被誉为“九江三宝”之一的煎堆，色泽金黄、皮薄馅精，寓意团圆甜蜜，金银满屋。

这是菜肴的味道，也是九江人的特点，他们汲取外来的优长，也坚守于对生活的热爱、对未来的美好期待。

时间的味道

【九江人是大江与桑园围的孩子。在与大自然反复搏斗的千年时间里，九江人形成了更加韧性的耐心。这种耐心，在厨房里，转化成为掌握时间的技巧。】

得空的时候，黄锡培会在露天的酱油晒池边走走，查看大豆的发酵情况。

作为九江美味老字号奇峰酱油的负责人，他对传统酱油酿造工艺了然于心，包括8道工序：选料、浸泡、蒸煮、冷却拌和、制曲发酵、露晒发酵、抽头抽、调配灭菌。

黄锡培对每一个环节都盯得很紧。原料必须是当年采收的非转基因东北大豆，初筛后人工挑豆，尽可能不让一粒坏豆混入“大军”。发酵过程采用小池生晒，玻璃屋顶的设计，让大豆在阳光、水与微生物的作用下，缓慢转化为醇香的酱油。

九江地处北回归线附近，属亚热带海洋性季风气候区，温和湿润的气候、

九江举办“饭香刀”比赛，传承美食文化（九江宣办供图）

充足的光照，能够引导微生物们走上发酵的正轨。人们需要的，就是掌握其中的规律，做好准备，然后将其他交给时间。

九江人是大江与桑园围的孩子。在与大自然反复搏斗的千年时间里，九江人形成了更加韧性的耐心。这种耐心，在厨房里，转化成为掌握时间的技巧。酱油如此，酒如此，就连讲究个“鲜”字的河鲜，也如此。

最能体现九江人这种技巧的，当属鱼青。

追求极致的九江人，将宰杀后的鱼分为四个时期：鱼身僵硬的僵死期、开始软化的分解期，以及微生物霉化期和腐化期。

九江人认为，鱼青最讲究的做法，并不是鱼生宰后取肉剁馅，而是将鱼宰杀后，放水浸泡至分解期与霉化期之间，刮肉剁馅，才是营养最丰富、最易消化的状态。

时间在九江这里，成为食物的挚友，让九江人获得与鲜食截然不同，有时甚至更加醇厚鲜美的味道。为了保证最佳的味道，执着的九江人想尽办法。一如黄锡培多年来对原材料大豆的精挑细选，又如林国晖近30年不开分店、不过度扩张的坚持。

与时间为伴，在岁月长河中，美食之于九江人，早已超出生存温饱的意义。九江人手中的“饭香刀”变化出各种美味，化作烟火味，飘散空气中，成为连接人与人之间的重要纽带。

龙船饭是九江人不能缺席的一餐。每当端午节和国庆节，无论是在外务工，还是旅居外地的九江人，都会回到村中参加龙舟活动。百龙汇集，锣鼓喧天，各村欢声笑语，广召亲朋宴饮。筵席间，村民朋友们相互祝酒，分享生活喜乐，吃出来的不仅是那份味道，更是浓浓的乡亲情。

以龙船饭为代表，各类宴请贯穿了九江人的一生。逢年过节、婚丧嫁娶、新生命降临，都少不了一顿宴请。每到起鱼期，养殖户自发组队轮流到各家帮忙，主人家也会开席设宴。觥筹交错间，以食物为媒，九江人完成了一次心照不宣的情感交流。

中国人对于“味道”的感知和定义，起自饮食，而且超越了饮食。在九江，人们用食物与时间，写就了独属于九江的味道“密码”。通过这把“钥匙”，即便离乡万里，他们也能打开故乡的大门。

人物口述

如果乡愁有味道，都在这一口酒里

一杯九江酒，横贯了关正生57岁的人生。小时候，酒是父母劳作一天后，在饭桌上一人一杯分享的美味。毕业后，酒成为他进入社会打拼的第一站。再之后，酒是他为之奋斗，也为之荣耀的事业。

南海九江，中国米香型白酒最大的产出地，自清代就有“巷巷有酒坊，街街有酒店，人人论酒经”的文字记载。这一杯酒的分量，没有人比执掌九江酒厂的关正生更清楚。以下是他的讲述：

命运自有安排

我是九江南方社区人，九江酒厂现在的位置，原来是一家华侨纸厂，爸爸在里面打过工。

很小的时候，我就知道九江双蒸。父母好酒，晚上收工回家吃饭，桌上总有一瓶九江双蒸，你一杯我一杯，伴着家长里短的闲聊，一瓶酒下去，一天的辛劳也就没了。

后来长大一点，小升初的时候，我考上了石门中学。那一年，九江只有7个人考上石中。石中在黄岐，而黄岐到九江，现在看起来很短的路，那时候每逢放长假，早上天不亮就要从学校出发，回到家里也到了夜幕低垂的时候。因为耗时甚长，那段时间，我回九江的次数也少。

算起来，那是我第一次离开九江。之后兜兜转转，我又回到九江读书。

1986年，我中专毕业。当时中专是包分配的。刚好九江酒厂申请派遣一个学统计的毕业生，我是九江人，又是学这个的，就被安排到九江酒厂，做了财务。

老实说，我当时是有落差的。中国人的传统思维里，“士”始终是排第一的。同班的同学，大多去了政府部门，以财政局、统计局、审计局为多，我去了企业，多少有点不甘心。但今天再回过头来看，才知道命运自有安排，我是幸运的。

当时进厂后，我在财务科干了6年，之后就被提拔为财务科科长，进入管理层。28岁，我做了总经理助理，31岁成为常务副总，开始负责九江酒厂的全面管理。

在酒香里泡了38年，才越发知道这杯酒有多厚重。

九江，由于得天独厚的水利条件，水产养殖发达，商贸兴旺繁荣，有着“小广州”之称。有了经济基础，就有了酒的需求。

有需求，就有市场。从清朝起，南海九江，就已经是远近闻名的酒乡。待到抗日战争、解放战争年间，九江酒业受到巨大冲击。100多家酿酒作坊，到1949年前后，只剩12个酒坊，主要集中在九江和沙头的沙口社区。

1952年，以永德兴为代表，当时仅存的12间酿酒作坊共同组成“九江酒业联营社”，其间历经多次改革，从私人联营转为国企，再转为民企，逐步发展成今日的九江酒厂。

在这期间，尤其是在1980年以前，由于粮食供应紧张，加上计划经济，所有酿酒的大米都是依靠政府调拨指标进行生产，优先满足国家对于出口贸易的需求。内销部分没有大米，厂里就想办法用红薯、木薯等杂粮酿酒，一直坚持下来，没有让九江酒断过。

直到党的十一届三中全会后，国家逐步改革开放，市面上慢慢有了议价粮，酒厂也开始自行买米生产，九江酒也由此进入了发展高峰期。

1979年，九江酒厂的年产量约为3000吨。到了20世纪80年代末期，年产量大约为3万吨，增长近10倍。目前，我们的年产量大约为7万吨，是中国最大的米香型白酒生产企业。

行李箱里的九江酒

在华侨圈里有一句话，叫“有华人的地方，就有九江双蒸”。这句话不假。

早在清末民初，随着广州十三行的发展，九江酒就开始对外出口。加上九江走出去的华侨也多，慢慢就带着九江酒走到世界各地。

后来，因为战争等因素，出口停滞了一段时间。1957年，第一届中国出口商品交易会，也即首届广交会举行。因为九江酒在海外品牌认知度高、市场基础好，当时就有外贸商行提出要出口九江双蒸酒，所以从那一年开始，九江酒又恢复了出口，通过江门的口岸运到香港，再转口贸易到全球各地。一直到2000年以前，九江双蒸一直都是中国白酒品类的出口冠军。

我记得2009年，九江双蒸博物馆开馆那天，过来参观的130辆大巴车里，超过一半都是归国华侨。

最近我们正在拍摄九江双蒸的纪录片，导演组在挖掘整理资料中，采访了三位来自中国香港、中国澳门和印度尼西亚的侨领，惊喜地发现，他们关于童年的回忆里，竟然都有九江双蒸酒的身影。

听导演组说，祖籍九江的旅港南海商会会长关亨时告诉他们，他年轻时游历世界，发现无论是美国、加拿大还是东南亚，只要是华人聚居的地方，杂货店里一定会有九江酒。当地侨胞们都说这是“故乡水、家乡酒”。

这一点我深有体会。记得有一次在美国旧金山参加南海同乡会，一瓶九江双蒸上来，话题一下就打开了，人与人之间的距离好像瞬间拉近，现场气氛马上就热烈起来，平时不好酒的人，也都抢着喝。

之后我每次出国，行李箱里都少不了几瓶九江酒，宴席上遇到侨胞就开一瓶。这些酒往往都“撑不到”行程最后，没几天就喝完了。侨胞们都说，这是家乡的味道。

味道是一个很抽象的感受，中国人对于“味道”的感知和定义，起自饮食，而且超越了饮食，更多是饮食和记忆、情感的融合。

一方水土养一方人。在过去200多年的岁月里，九江酒以独特的曲种、工艺、地理气候环境，酿造出区别于其他酒品不同的滋味，在漫长的出口历史中，滋养了海外华人对于祖国的情感，并逐渐成为他们人生中的关于家乡的一抹回忆。

对于他们来说，如果乡愁有味道，都在这一口酒里了。

食物里，有故乡

每天的午餐、晚餐时间，都是林国晖最忙碌的时候。从12岁第一次拿起外公的菜刀，到21岁入行，再到23岁开始钻研九江菜，年近花甲的中国烹饪大师林国晖，对于美食有着异于常人的执着。

为了做出最地道的“九江味”，他借钱开了一家酒楼，自己做主厨。过火了、调料放多了，他宁愿重做一遍也不愿将就送上餐桌。他带出了超300名徒子徒孙，让“九江味”传到全国。

他是九江传味人。他制作的食物里，有九江人藏在味蕾里的故乡。以下是林国晖的自述：

喜欢吃，更喜欢做好吃的

九江人讲究“吃”。我是土生土长的九江人，喜欢吃，更喜欢做吃的。

这个喜好跟我的外公有关。他是高明人，厨艺响当当地厉害。听家里人说，因为做菜出名，外公在那个兵荒马乱的年代，还曾经被土匪劫持进山，给他们当厨子。

小时候，每次跟妈妈回娘家，看到外公磨得锃亮的刀，我都又爱又怕。我是亲眼见过外公用那把厚重的大刀，砍骨、切菜、剔肉、片鱼，如臂使指。12岁那年，因为好奇，我还拿头发试过，真的像书上说的一样，吹毛断发，锋利得很。

那时候物资匮乏，好东西少，但是外公总是有办法，把普通的食物做得比别人美味。慢慢地，我也喜欢自己倒腾好吃的。

九江多江河。读初中时，一到周末我就自己去抓鱼，抓到了就回家尝试各种做法。或者买一些便宜的猪肉练手。后来发展到平时，放学后父母还没有下班回家，我就自己做饭菜。

可能真的有点天赋，家里人都觉得我做菜比妈妈好吃。所以初一那年暑假，我就成了家里掌勺的人。这给了我很大的鼓励。

21岁那年，我进了西樵一家酒店后厨工作。对于喜欢厨艺的人来说，那里就是天堂。那时候我中午从来不休息，帮着师傅炸花生、鱼腐，偷偷学雕花。就这么做了三个月，我就正式“上岗”做熟食、拼盘、雕花了。有一次做的白切鸡还被客人赞，专门请我出去喝了杯酒。

之后，经过经理推荐，我和另外3个人被酒店从300多人中选出，派到广州的一家职校脱产学厨、考证，算是正式入了门。一年后，我回到九江，进入九江经济发展总公司的餐厅工作。那时我23岁。

1993年，我借钱承包下了当时的日日鲜酒楼，也就是现在的“日日新”的前身。

虽然我不是在九江“入行”，但我一直觉得，我的职业生涯，是从23岁回到九江开始的。

让九江味走出九江

九江是侨乡，25万的华侨旅居全球，但他们的根在九江。他们在外面打拼，赚了钱就反哺乡里，回乡投资建设、修路助学，不一而足。加上九江的地利之便，九江人的生活总体而言是比较富足的。

九江人注重饮食，手里又有余粮，餐饮业就比较发达，从业的人也多。由于竞争激烈，各式创新也多，慢慢地，九江菜就有了自己的一套逻辑和风味。

把特产做出特色，这是厨师的基本功。很幸运，之前学厨的经历，给我打了一个好的基础。

九江江河多，鱼塘多，做鱼是必修课，不同的鱼有不同的特点，做法也各有不同。例如西江盛产的蓝刀鱼油香丰富，适合香煎；小黄鱼有股独特的奶香味和脂香味，最适合香煎或凉瓜焖；白饭鱼口感爽脆，刺身一绝，煎蛋、火锅亦可。

九江盛产酒，除了酒桌上，它还是厨房里的一味“神器”。煎鱼过火了，撒上一点双蒸酒，瞬间焦味就变成了香味。焖鱼时加酒不加水，还可去腥味、提鲜味。

把普通的食材做出不一样的好味道，比较考功力。作为土生土长的九江人，我对“九江味”情有独钟。“九江味”是什么味？我觉得就是和味，不偏重哪一种味道，而是让他们互相做加法，融合、碰撞出新的、更美的味道，口感和谐。

例如我自创的九江蒸排骨，突出的就是脂香味和豆豉香，用了酱油、糖、醋、辣椒、豆豉等调料制作，一口下去，酸、甜、辣各种口感都有，加上后劲的鲜味，再配上一口九江酒，很多食客说从没有吃过这个味道的蒸排骨。

九江菜就跟九江人一样实在，用的都是普通的食材和调料。为了有更好的味道，我在楼顶搞了个玻璃房，生晒虾抽、晒腊味、晒药材干货等，尽可能确保原料的品质。

我还和九江本地的奇峰酱油厂联合开发了一款虾抽，味道很鲜，尤其是作为九江捞鱼生的蘸料，吃过的都竖起大拇指。

研究了这么多年的九江菜，我知道它有多好，也就更希望能够把它传播出去。所以我也很乐意带徒弟。

这么多年，我先后教出了60个徒弟，现在不少留在了北广深等大城市。这些徒弟又教会了一批徒弟，算起来徒弟、徒孙都有过300人。可能水准有参差，但他们确实带着九江味，走出了九江。

第六篇

儒

上

何以称"儒林"

水乡、鱼乡、酒乡。

九江这些名片，很多外地人都知道。

但他们不一定知道的是，九江人心底真正引以为豪的，是这里延续数百年的书香气，是一个叫"儒林乡"的名号。

"九江是儒林之乡。你们以后谁读书好，谁就是家乡的骄傲。"九江烟桥村头斑驳的大树下，面对孩童懵懂的目光，78岁的何忠鹰讲述着古老的传统。几百年来，九江孩童应该都接受过类似的启蒙。

明清时期，社学、私塾、书院、学堂遍布九江各村，兴盛时期社学达28所、书院18所。其间，九江共产生了50多名进士、200多名举人。对于一个镇来说，这是一个令人难以置信的佳绩。

在农耕社会，培育读书人，从来都是一项非常奢侈的事情，更不用说培养大批读书人。而在几百年间，重视文教不是九江几家几户的风气，而是成为大面积的集体行为，且成效斐然。

这种崇文重教之风，究竟是如何在九江形成的，又如何塑造了今天的九江？

江畔养文气，浩荡数百年

【“万般皆下品，唯有读书高”，在古时这是颠扑不破的真理；然而并不是每一个地方，都像九江一样，培养出延续数百年的“文气”。】

“以前的人写完字要放进这里烧掉，不能扔地上，如果被人踩到，读书就不聪明了。”何忠鹰指着榕树下的焚字塔说。

焚字塔由青石砖砌成，被大榕树盘根错节地包裹着，早已弃用；而当地人对知识的敬重却通过口口相传的典故流传下来。

烟桥村位于九江西边，仅在清代，这条小村就走出了七八个进士、举人，秀才和武生更是多不胜举。这里还走出了岭南画派先师何丹山、爱国华侨何晃钊等仁人志士。

何忠鹰从懂事起，就从长辈口中听了很多关于读书人的故事。后来，他在村小学从教16年，把同样的理念灌输给学生。在他记忆中，烟桥的小孩读书总是比其他村好一些，有人说与村的风水有关，但他更愿把这归结于数百年的家风传承。

在焚字塔旁，一排排旗杆夹屹立数百年，像一面面骄傲的旗帜。古时科举考试，村里有人取得功名，就会在自家门外左右两边竖上旗杆。

这些旗杆夹自何忠鹰记事起就立在这里，抚摸着上面镌刻的字，他仿佛打开了一本厚重的历史书。

“在众多旗杆夹中，这块的主人对烟桥的影响最大。”何忠鹰指着当中最高的一块说，上面刻有“嘉庆庚辰科会试中式十六名，钦点为兵部主政”字样，它的主人正是员外郎何文绮。

1820年，41岁的何文绮成为烟桥首位进士，创造了历史。但他能够备受村民敬仰和爱戴，更重要的是他以造福桑梓为己任，给烟桥留下很多宝贵的遗产。

据记载，为了敦教乡人，何文绮出钱出力重建、维修祖祠，修建“方严书舍”，敦品励学。在何文绮的感染下，“一入烟桥，必行正道”成为烟桥村民恪守的“村训”。 由“烟桥正道”引申出的“正道文化”深深植根于乡土，激励着一代代烟桥后人通过读书明理，实现“行正道、干正事、做正人”。

而烟桥人对于读书的热爱，有着更悠久的传统。在何氏六世祖祠的墙上，记载着一批书院的兴建：1738年在大巷口东南方建“烟桥书院”，1823年何文绮建“方严书舍”，1847年在芳草园左方建“诒燕书室”，1870年重修“方严书舍”，1902年在烟桥南方建“星桥书舍”……“距樵麓十里以南，胜地英豪齐鹊起；计男丁六百余口，若举人、若进士，秀才文武更蝉联。”对于这段历史，村中一副对联进行了生动描述。

在历史长河中，烟桥背后的九江文气更加鼎盛。据《南海市九江镇志》记载，自明代以来，生活日渐殷实的九江人掀起了一股读书的热潮。明清时期，社学、私塾、书院、学堂遍布九江各村，兴盛时期九江社学达28所、书院18所，在整个南海县乃至整个广东省位居前列。

在这期间，九江共产生了50多名进士，200多名举人。如果说南海是明清时期南粤大地 “气标两广的人文之邦”，那么九江则是这个“人文之邦”的一颗明珠。“儒林乡”的美誉远近闻名。

“万般皆下品，唯有读书高”，在古时这是颠扑不破的真理；然而并不是每一个地方，都像九江一样，培养出延续数百年的“文气”。

乡杰育种苗，蔚然已成林

【九江的乡土文化与儒林文化一脉相承。桑园围独特的运作方式，推动九江形成了精英化治理。一批能人通过科举制度致仕，共同参与社会公共事务，形成共治群体。】

今天，站在九江的土地上，仍可以想象当年那几十处私塾传出的琅琅读书声，几百年长盛不衰，代代沿袭，成为九江人重要的精神源流。

关于九江“儒林乡”的由来，一般认为是明景泰元年代宗皇帝赐九江乡为儒林乡。人们不禁要问，为何一个偏于一隅的小镇，却能有如此盛誉，九江人读书的劲头来自哪里？

答案藏在历史更深处。

两个关键词，桑园围与精英治理。

哈佛大学政府系教授王裕华在研究传统中国国家发展的社会起源时认为，宋代以降，科举制度的普及拓宽了读书人的上升通道，让偏远地区的人也有了参与国家治理的机会，带动了社会精英群体的崛起，促进了乡土自治。

九江正是这种乡土自治的典型。身处两条大江之间的九江，因桑园围合围防洪而生，因围垦灌溉而盛，由此形成了共商、共建、共管、共享的乡治模式。

在九江的乡杰群体中，明嘉靖进士陈万言的故事颇为典型。他情系桑梓热心公益，创建了九江大圩的前身良村圩，修筑东方围、惠民窦等水利设施，惠泽一方。

历史车轮滚滚向前，正是在一代代乡杰的推动下，九江得以从一片河滩地，成为繁盛一时的商贸重镇。明代九江就有陈良珍、陈万言、黄重、朱让、关骥、曾应珪、关季益、曾仕鉴、卢龙云等多位乡杰，数量之多，甚为少见。

作为土生土长的九江人，陈品良一直热衷于挖掘九江历史文化，在他看来，九江的乡土文化与儒林文化一脉相承，都是九江人精神深处的根基。

近年，一位年近古稀的湛江乡亲回九江寻根，陈品良惊奇地发现，这位乡亲仍能清晰完整地用九江话道出陈万言“再世姻缘”等小故事。这让陈品良意识到，乡杰对于九江人共同体意识的塑造，发挥着重要作用。

而九江的大家族，本身又深具崇文重教之风。

宋代以降，随着宋室南迁、偏安临安，北方士民出现集团性南移，他们大部分经由南雄珠玑巷，散布到珠三角各地，从此落地生根。其中，来到九江的先民就不乏名门之后，他们不仅带来了先进生产力，也带来了诗书传家的文化传承。

以朱氏为例，其入粤始祖是宋代理学大家朱熹的六世孙朱文焕，子孙后代薪火相传，以先祖的道德文章为荣，为岭南文教发展作出了巨大贡献。其中，九江分支在明清时代人才辈出，共出过2位进士、17位举人，明有进士朱让、朱实莲，著名书法家朱完，清有岭南大儒朱次琦，引领风骚数百年。

关氏是九江另一大姓，其先祖可追溯到山西运城关羽之后。800年前，关氏先祖从山西运城，穿梅关古道，踏足南粤珠玑；又逢乱世，族人沿江河逐水，在九江破排角登岸扎根，繁衍生息。

在拥有400多年历史的上西村关树德堂，挂着一副祖训：“读好书说好话，行好事做好人”，“读好书”排在第一位，成为关氏一族数百年一以贯之的行为准则。

这些北方士民扎根当地，为九江播下读书的种子，与九江特有的乡治氛围紧密结合，形成了儒林乡的地基。

据《九江儒林乡志》记载，九江乡自宋咸淳年间始渐有田庐，由此至明代的二百七十余年间，乃大为发展，人才士绅辈出。他们进则为官，为社稷贡献，退则为绅，建设地方、教化乡土。

总结这段历史，在九江，基于桑园围的独特发展方式，推动了九江的精英化治理，一批能人通过科举制度入仕，参与社会公共事务，形成精英群体。而乡杰又通过书院讲学、敬宗收族、创建乡约等方式，推动移风易俗、重视工商，一步步构建和完善社会秩序。

儒林乡这个地名，就是对这群士绅的尊崇和纪念，也是九江这片土地精神和价值的最佳体现。

自明中叶起，珠三角海洋贸易日渐兴盛，不断加强与外界的经济联系。九江得江河之便，本地商人很早就远赴异国他乡从商，九江也因此成为东西方思潮交汇、新思想孕育之地。

十九世纪上半叶，被后世称为“九江先生”的朱次琦横空出世，把九江的儒林文化推向了一个新高度，成为儒林乡的又一个里程碑式人物。

当时，辞官后的朱次琦在九江开设礼山草堂，开创九江学派，倡导“经世致用”的教育理念，其弟子遍及两广，成为岭南学界的一座丰碑，也为儒林乡的历史写下了浓墨重彩的一笔。

朱九江先生纪念堂是九江中学的亮丽风景线（梁平　摄）

饱学为致用，热血当报国

【从陈万言到陈子壮，从何文绮到朱次琦、李卓峰，一代代九江仁人志士的前赴后继，舍身报国，铸造了一座座历史丰碑。】

在烟桥村头，有一棵上百年历史的“国事榕”。

和一般榕树不同，古榕树通过分枝和气根引种到地上，先后孕育出十棵新榕树，每棵树上都记录着一次重大历史事件，从抗战胜利，到中华人民共和国成立70周年。烟桥村民通过这种原始的“结绳记事”方法，把浩荡历史融入集体记忆中。

一树成林风景好，榕怀国事志气高。在悠悠岁月中，九江读书人不仅情系桑梓，更像“国事榕”一样，始终胸怀天下。

虽然偏居一隅，但这赋予了九江人更为开阔的视野，以实用主义为准绳，践行经世致用之学，在数百年的风云际会中，几乎都能看到九江人勇立潮头的身影。

在明代，陈万言任提刑按察司副使时巡察福建，正值倭寇来犯猖獗，他和福建抚台汪道昆一同推举总兵官戚继光为抗倭将军，荡平倭寇。陈万言、汪道昆和戚继光因此成为莫逆之交，他们铸造三剑，各人收藏一把为日后会合之券，留下“三剑合一”的佳话。

及至明朝灭亡，清兵大举南下，九江探花陈子壮坚持民族气节，积极捐资募兵，他和表弟朱实莲等人以九江为基地组织义军，联合顺德陈邦彦、东莞张家玉等人合力抗御清兵，事败后，陈子壮、朱实莲壮烈就义。陈子壮也与陈邦彦、张家玉被誉为明末“广东三忠”。

历史轮回惊人相似。晚清时期，面对鸦片带来的危害，林则徐力主销烟，在广州讲学的何文绮对此给予大力支持。

当时，随着鸦片战争爆发，林则徐被革职，何文绮万分义愤，他激励门人严密守御，鼓励乡团弥补官军之不足，民心所向，共同御敌，在广州三元里成功伏击英军，随后却遭到清政府镇压。何文绮愤懑地写下十八道诗，“不废一钱兵亦足，飞将军在复何如”。

在时局变幻中，九江人从未放弃经世报国的理想。

就在何文绮力主抗英的数年后，他的学生朱次琦以另一种方式，影响着历史走向。朱九江的治学以明理达用为主，以经世救民为归。

“读书以明理……随而应天下国家之用”，九江实学对他的学生康有为有着深刻影响，成为后来康梁变法思想的重要组成之一，为近代中国的历史性转变书写了浓墨重彩的一笔。

就在朱次琦逝世的同年，他的17岁老乡李卓峰弃学从商，侨居越南创办棉花厂，寻找另一条救国之路。辛亥革命前，孙中山到越南进行革命活动，李卓峰捐资达数万元，孙中山给予债票，李卓峰付之一炬。1911年，辛亥革命胜利，李卓峰又捐集军费50余万元为革命应急之用，他因此获孙中山大总统颁发“为国宣劳，深资得力，奕代后民，永多厥义”的优等旌义状。

“国事榕”一树成林风景好，榕怀国事志气高（梁平　摄）

数百年沧桑变化，从陈万言到陈子壮，从何文绮到朱次琦、李卓峰，正是一代代九江仁人志士的前赴后继，舍身报国，铸造了一座座历史丰碑。

如今，先贤已经远去，但走在九江大地上，仍能听到历史的回声，他们为后人留下的丰富遗产，至今仍激励着一代代人。

历经风雨洗礼，烟桥村如今仍保存着大量的清代建筑群，规划严整、肌理尚存。行走深巷，岭南水乡烟火气宁静地隐匿于繁闹都市中。

作为古村的志愿导赏员，每次有游客来，何忠鹰都会向他们介绍古村历史，从何氏祖祠到烟桥正道，从旗杆夹到何文绮。在他的讲解下，500多年村史浓缩成一个个典故，在悠悠岁月中历久弥新，具象化为村里的一砖一瓦、一草一木。

立于村头的“国事榕”，古老而弥坚，苍劲且隐忍，独立自信，充满活力，它扎下的庞大根须，成为历史的见证。新的根须被一块红布小心翼翼地包裹，静静等待着岁月的洗礼。

下 基业长青的秘密

2024年6月20日，连日暴雨造成西江水情紧急，海寿渡口宣布停航。林鸿先和同事一起，把100多名学生迅速转移到附近的儒林中学学习，一切井然有序。

在海寿小学从教20多年，林鸿先对这一套应急预案早已熟稔于心。正是全体师生的坚守，让这所佛山最小乡村小学改变了被撤并的命运。

努力让每个孩子都能接受良好教育，是九江人刻在骨子里的坚持。数百年来，崇文重教的风气深刻影响、塑造着这片土地，直到今天，捐资助学、奖教奖学仍然是九江人回报桑梓最重要的表达方式，这里的每所学校都接受过捐助，每位优秀学子都获得过奖励。

十年树木，百年树人。在九江，教育不是一个人、一个家族乃至一所学校的事情，而是全民总动员的集体行动，寄托了九江人的骄傲与荣耀。正是在这样的氛围下，九江创造了中考上线率连续19年位列南海第一的纪录。

浩荡数百年的“儒林乡”，至今依然基业长青。

江心岛上的守望

【正是在九江社会各界力量的共同托举下，全校师生的努力与坚守变得更有意义。从这个角度看，孤悬在江上的海寿小学并不孤单。】

在平常日子里，林鸿先和同事们每天的工作从渡口开始。

每天早上，100多名岛外学生要搭乘7：35的渡船，横渡西江，来到海寿小学上学。林鸿先总是提前半小时来到码头，等待学生，分发救生衣、指挥上下渡船，守护他们的安全，20多年如一日。

位于海寿岛上的海寿小学是佛山最小的乡村小学，全校只有227位学生和18位教师。特殊的地理环境造成交通不便，学校一度被称为九江教育的“西伯利亚”，无论老师还是学生都不愿意来。

林鸿先却是个例外。

1991年，他从佛山大学政史系毕业，被分派到九江担任中学老师。从教几年后，一次偶然机会，他来到海寿小学参观交流，眼前的一切让他很吃惊。他清晰记得，当时的海寿小学很简陋，操场四周都是黄泥地，一到北风天，整个校园灰尘滚滚，教室的墙壁还有破洞，办公室的课程总表用床板改制而成，办公椅有的只有三个正常凳脚。

虽然条件很艰苦，但林鸿先还是从孩子眼中看到光亮，看到对知识的渴望，他希望能够为岛上的孩子做点什么。

2001年7月，林鸿先主动申请来到海寿小学任教，成为学校的一员。

在江岛上从教的体验是独特的，最初海寿码头还没有现在的大渡轮，孩子们上学需要搭乘拖船，遇上恶劣天气拖船不能航行，就只能停学，非常不便。

此外，由于师资和教学硬件设施的不足，限制了学校教学质量的提升，学生陆续外流。最少的时候，全校学生仅剩108人，人数最少的一个班级只有9名学生。2008年，学校一度面临被撤并的困境，而这意味着，岛上的孩子将无法在本地接受教育。

海寿乡原来只是西江中的几个小荒岛，1840年前后，第一批居民从周边的西樵太平、恩平等地移居到岛上。而海寿最早开办学校可以追溯到1882年，为

海寿小学是佛山最小的乡村小学（孙景锋　摄）

了培育下一代，第一代移民共同商定，合资聘请一位塾师开馆授徒，成为小岛教育的源头。

随后历经一个多世纪的变迁，海寿岛的教育从未中断。

江岛上天灾频仍，根据记录，在1974年、2008年学校就遭受过两次龙卷风袭击；另外还曾遭受洪水的影响。但乡民对教育的重视，让学校在每一次受灾后都能迅速恢复过来，先后经历了三次复建。

如何让江岛的教育历史得以传承下去，避免被撤并的命运？海寿小学抓住了特色化教育的机遇。

2010年，在各方努力下，海寿小学通过南海区教科所引进了一批太空种子进行培育。为了成功种植这批种子，林鸿先承担了组织学生进行田间管理的工作，指导学生每天坚持种植、研究、测量，形成田间报告。在全体师生们的细心呵护下，太空种子茁壮成长起来，“当时种植的有太空辣椒、豆角、番茄等，种出来的辣椒弯弯曲曲，而豆角则长到1米。”

小小的种子在学生心中种下了仰望太空的梦想，也种下了海寿小学发展蜕变的希望。

最小的乡村小学，最偏远的江心岛，来自太空的种子，这些元素叠加在一起，让海寿小学受到社会各界关注。为了帮助学校提升教学质量，社会各界纷纷伸出援手，捐教捐学。

海寿小学实现了快速蜕变：室外场地全面铺设地坪漆，学校的闲置楼顶建成了空中花园，办学环境焕然一新；教室和功能室率先配备智慧黑板、空调等硬件设施；成立了“升起明天的太阳”奖教奖学基金；在海寿渡口还建起了爱心栈道，成为学生的专用道，保障上学安全……

据不完全统计，近年来社会各界向海寿小学捐资捐物总额达到150万元，让这所乡村小学焕然一新，教学质量稳步提升，学生数量从最少时只剩110人，增加到如今的220多人。

坚守海寿小学20多年，林鸿先和同事一起见证与推动了学校的变化。在他看来，正是在九江社会各界力量的共同托举下，全体师生的坚守才变得更有意义。从这个角度讲，孤悬在江上的乡村小学并不孤单。

百年回响生生不息

【正是在一代代人的赓续传承下，九江中学始终循着朱九江先生的教育思想，培养出一代代英才，撑起了九江教育的脊梁，成为九江人共同的骄傲。】

恍惚经年，宛若昨日。从梅州老家来到佛山求学、工作、成家，林鸿先最初没想过，辽阔的西江和纯朴的江岛，会成为自己最熟悉的风景；学校中回荡的琅琅读书声，声声入耳。早已把九江当作第二个故乡的他充满好奇：九江人对教育的执着与坚持来自哪里？

翻开历史书不难发现，在数百年的发展历程中，读书以明理的教诲早已刻在九江人的骨子里，成为全体九江人的共同信仰，至今仍深刻影响着九江教育事业的发展。

驱车前往九江中学，一进校门就可看见一幢三层宫殿式红砖建筑，立在高高的台阶上，门前一棵木棉树高大挺拔。这是始建于1936年，重建于1994年的朱九江先生纪念堂。

每年9月，学校高一新生入学，都要先到这里来进行第一课，全体师生共同温习“九江先生”朱次琦的谆谆教诲。每次朱浩勇都会获邀参加，看着莘莘学子虔诚的目光，他心中总会涌起一股热流。

朱浩勇是朱次琦的六世孙，和其他人通过历史书了解这位晚清鸿儒不同，他最初是从族谱上认识这位“细太公”。上学前朱浩勇就无数次从父母口中接受“读书以明理”“四行五学”的教导，当时的他并不知晓这些话的具体含义，但仍然熟稔于心。

2015年，朱浩勇接过父亲的衣钵，成为朱九江纪念委员会的委员，除了每年参加九江中学的纪念活动，他还经常受邀到香港等地参加各类纪念活动，这才让他深切感受到，自己这位祖辈所具有的巨大影响力，也开始重新审视自己从小到大熟记的信条，及其背后所蕴含的意义。

“千秋新学开南海，百世名儒仰九江”，在朱九江纪念堂挂着的这副对联，正是对朱次琦个人成就的高度概括。

1858年，辞官后的朱次琦回到九江南乡开设“礼山草堂”，慕名求学者从两广各地而来。

在后世研究看来，朱次琦最重要的贡献是在学问上破除汉学、宋学的门户之见；为促进国家进步，他提倡的经世致用之学，在当时影响甚广。有观点认为，清末南海人才辈出，对近代中国之改革启蒙、产业技术、体育技击有重大贡献者众多，这种文化氛围的形成，与朱次琦提倡实学有着密切联系。

此外，朱次琦还根据平生修身治学的经验，为礼山草堂制定了“四行五学”的学统。“四行”即“敦行孝悌，崇尚名节，变化气质，检摄威仪”，是修身养性之道；“五学”即“经学、史学、掌故之学、性理之学、辞章之学”，是读书治学之道。朱次琦终其一生践行“四行五学”，成为那个时代公认的为人、为师、为官的典范，是九江儒林文化的一座高峰，其影响延续至今。

为纪念朱九江先生“礼山兴学”的教育风范，1932年4月，由九江旅省公会联合旅港侨商及乡中人士集议策划，创办了九江中学，这所岭南名校开启了漫长而曲折的发展历程。

1938年抗战期间，九江中学迁至香港，后来又随着香港沦陷，被迫停办。1945年抗战胜利不久，在乡中、旅省以及港澳热心教育的人士的大力赞助下，九江中学迅速成立复校董事会，并于1948年迁回九江正式复课。1960年，全校初高中增至27班，成为南海县（今佛山市南海区）历史最久、规模最大、人数最多的完全中学之一。

历经90多年风雨，九江先生的信条历久弥新。27年前，周家明作为一名学生，在朱九江纪念堂开启了自己求学生涯的新里程。如今，他又回到了学校，成为一名老师，带领自己的学生沿着前人的脚步前进，这让他感到自豪的同时，也感受到九江儒林文化的厚重。

正是在一代代人的赓续传承下，九江中学始终循着朱九江先生的教育思想，培养出一代代英才，撑起了九江教育的脊梁，成为九江人共同的骄傲。

儒乡传薪火

【九江人以身为儒林乡人而自豪，这种自豪感，化为一股生生不息的力量，激励着九江人不断发扬儒林精神。这正是九江人对兴教兴学有着异乎寻常热情的文化动因。】

从历史走来，如今的九江依然能处处感受到“儒林乡”的魅力。

走在九江大地上，由儒林乡、儒林路、儒林街区、儒林广场、儒林书院、儒林古庙、儒林初小、儒林小学、儒林二小、儒林中学、儒林村、儒林巷等多个以“儒林”命名的区域，共同构成了九江独特的“地名景观”，时刻提醒着人们这座岭南小镇曾经创造过的辉煌传奇。

在现代地名学里，“地名景观”用来描述一个区域内具有某种共同因素的地名群体风貌。透过地名景观，能够折射出一个地区政治、经济发展的历史，呈现出一方百姓价值观念和文化传承。

而作为“儒林乡”的居民，九江人不仅把崇文重教的风度写进历史中，更融入城市发展的肌理中。

“儒林”二字凝聚并传播着九江崇文重教的地域文化精神。一代又一代，历史的风雨使儒林文化深入民心，化为民风民俗。九江人以身为儒林乡人而自豪，这种自豪感，化为一股生生不息的力量，激励着九江人不断发扬儒林精神。

这正是九江人对兴教兴学有着异乎寻常热情的文化动因。

回看九江的教育发展历程，社会力量始终发挥着重要的推动作用，让九江教育创下了多个第一。

明清时期，九江办学机构的数量就位居南海县乃至广东省前列。清道光十五年编写的《南海县志》记载：“南海县属社学，旧省志所载，百有二十，为岭海之冠。”南海县有社学120所，居全省首位。当时，南海县共辖70堡，其中九江堡就有社学12所，占全县十分之一。

及至民国，正是在海内外乡亲的支持下，奠定了九江现代教育的基础。1919年，九江旅港商人岑伯铭等捐资开办国民学校40多所，一时领风气之先。到了1931年，九江共有公立小学40所，私立小学26所，开设218个班，学生达到

九江每年进行奖教奖学，弘扬崇文重教之风（孙景锋　摄）

近年九江教育再次迎来新一轮加速发展周期（九江宣办供图）

6800多人，盛况空前。

在历史长河中，九江人无论身在何地，都心系家乡，在九江教育事业发展的每个阶段，都有新一代九江人捐教捐学的足迹。

改革开放后，随着人口增长，九江教育迎来了一轮发展潮。1985年，由旅外华侨、港澳乡亲和九江镇各界人士集资，兴建了儒林中学；而在1992—2002年的十年时间里，华侨、港澳同胞为九江教育共捐资6000万元，进一步夯实了九江教育的根基。

正是在社会各界的支持下，2003年九江被评为广东省教育强镇，一直延续到今天。

近年，随着经济发展和人们对优质教育资源的渴望，九江教育再次迎来新一轮加速发展周期，九江儒林教育发展基金、吴绮兰女士奖学助学基金等相继成立，社会各界慷慨解囊，为原有学校的扩容升级、新学校的建设提供了重要支撑，为九江教育事业再上一层楼持续赋能。

正是带着全体九江人的殷殷嘱托，九江教育质量持续领跑，中考上线率连续19年位列南海第一，三所公办初中全部荣获南海区初中教育高质量发展奖。

穿越风雨，古老的“儒林乡”，至今仍在书写着新的传奇。

人物口述

人生有四季，我的夏季留在了江岛上

站在海寿小学操场，看着绿树成荫的校园，聆听着教室里传来的琅琅读书声，林鸿先偶尔会回想起20多年前自己第一次踏入校门的场景。当时的海寿小学由于交通不便，艰苦的办学条件让很多人却步，被戏称为九江教育的“西伯利亚”。

20年弹指一挥，如今这所佛山最小的乡村小学早已摘下“老破小”的帽子，凭借特色化办学，成为佛山小有名气的学校，吸引了周边学生争相报读。

在林鸿先看来，海寿小学的变化，离不开全校老师的共同守护，他们用自己的智慧和热爱践行最朴素的教育理想，改变了学校被撤并的命运，成就了九江教育的一段佳话。

林鸿先为能与这么多优秀的老师共事而自豪。以下是他的讲述：

小小“太空种子”播下发展的希望

我是梅州大埔人，1991年从佛山大学政史系毕业后，被分派到九江开启了从教生涯，至今已有33个年头，其中有20多年在海寿小学度过。如果人生有四季，那么我把最炽热的夏季献给了海寿。

海寿小学是佛山规模最小的乡村小学。由于特殊的地理环境，对外交通非常不便，一半学生和大多老师每天要靠渡船上学。

很多人会好奇：为什么我能够在这样的环境下坚持20多年？除了对教育的热忱，很重要的一点是在这里，我找到了一群志同道合的同事，大家怀着共同理念，为了同样的教育理想，为学校和学生倾注了全部心血。多年来，正是一批批老师的共同守护，不断为海寿小学发展带来新资源、新理念，才推动了学校一系列转变。

回顾海寿小学的发展，2008年是一个重要转折。当时的海寿小学由于硬件简陋，长期生源不足，最少时一个班只有9人，达不到办学条件的要求，面临着被撤并的危险。在政府和学校老师们的共同坚持下，学校最终得以保存下来，但如果要发展，就必须做出改变。

为了寻找突破口，一方面政府加大了投入，对学校硬件进行了系列升级；另一方面，新上任的张永辉校长多方奔走，在区教育部门的支持下，成功引进了太空种子培育项目，成为学校一大办学特色。对于这批来之不易的“天外来客”，全校师生都倍加珍惜，小心呵护，小小的种子在小岛上生根、发芽，长出了一米长的豆角、弯弯曲曲的太空辣椒，不仅在学生心中种下了仰望星空的梦想，也带来了海寿小学蜕变发展的希望。

很快，学校成功种植出太空植物的消息经过媒体报道，成为珠三角小有名气的乡村小学，得到了各界的关注。各种资源纷至沓来：本地企业家、乡亲慷慨解囊，奖教奖学；来自政府机关和兄弟学校的结对帮扶，为学校师生带来了各种交流和培训机会。

昔日不被人关注的乡村小学，变得热闹起来。

悠悠西江水见证两代人的守望

无论学校如何发展，教书育人的初衷都不会改变。随着学校的环境变好，学校的教学质量也在不断提升，这离不开老师们的辛勤付出。

在海寿小学，每一位教师都秉承着“坚、忍、诚、谦”的校训，以身作则，为学校的发展、学生的成长树立好榜样。在日常教学工作之余，老师们持续开展特色教育，帮助学生开拓视野，培养兴趣爱好，提升个人素养。

十多年前，当时担任学校教导主任的黎亚春老师发现西江边上的泥土具有特殊的黏性，很适合用作陶泥，便专门开设了陶艺课程，带着我们几位老师一起编撰了学校陶艺教学用书，向学生介绍佛山陶艺文化，让他们切身感受陶艺制作的魅力，激发他们的创造力。

这么多年来，特色教育一直是海寿小学全校师生的共同坚持。2020年学校完成了班子交替，新上任的黄根成校长在前人基础上，继续把特色办学发扬光大：通过与南海区灯谜协会合作，引入灯谜教育资源，定期举办灯谜竞猜、灯谜擂台赛、灯谜讲座等活动，培养学生解决问题的能力；与南海区文化馆合作，引入专业的教育资源，成立了舞蹈队和合唱组，培养学生良好的音乐素养和审美情趣；引入岛外专业乒乓球教练，组建了学校的乒乓球队，增强了学生的竞技能力和团队协作精神。

在全校师生的共同努力下，海寿小学的教育质量也在稳步提升。在每学期的期末考试中，学校各学科成绩从原来不及九江镇平均线，到最近一次名列前茅，实现了质的飞跃，吸引更多岛外学生选择报读，学生数量从最低时只有110人，到如今增加到220多人。

扎根江岛20多年，我早已把这里作为自己的第二故乡；站在江岛上眺望西江，悠悠江水川流不息，就像岛上的琅琅读书声，一百多年从未间断。我有幸在这座淳朴的小岛上践行自己的教育理想，与一批热爱教育、甘于奉献的老师一起并肩奋战；更有幸能够在九江这片教育的热土上挥洒青春，实现了教育“两代人”的目标。

十年树木，百年树人。如今在课堂上，看着一张张稚嫩的面孔，我可以自豪地跟学生们说，当年他们的父母也是坐在同样的位置，接受了人生最初的启蒙教育。如今，他们也迎来了人生新的阶段，我有幸，能够继续陪他们踏上这段新航程。

古村的故事从“好读书”讲起

九江烟桥村头斑驳的大榕树下，面对孩童懵懂的目光，78岁的何忠鹰讲述着古老的读书传统。正是通过一个个口口相传的典故，让读书明理成为铭刻在孩童记忆深处的烙印。

“万般皆下品，唯有读书高”，在古时这是颠扑不破的真理；然而并不是每一个地方，都像九江烟桥这样，培养出延续数百年的“文气”。对于这段历史的挖掘和讲述，贯穿于何忠鹰大半生。

年少时，他在父母的熏陶下，第一次了解到烟桥人读书的各种典故；成年后，他担任起村小学老师，又把这些典故传给下一代；到了退休后，他担任起村里的义务讲解员，为前来参观的游客、游学团进行一一讲解。虽然早已烂熟于心，但每次介绍烟桥的“威水史”，他心中都会涌起一股自豪感。以下是他的讲述：

烟桥人好读书有其历史源流

我叫何忠鹰，今年78岁，是九江烟南烟桥村人。从小我就听着烟桥各种历史典故长大，知道自己的村子与众不同。

烟桥村位于九江西边，因村庄布局像一只展翅飞燕，村口长木桥原来叫“燕桥”，因为终年水汽蒸腾，雾气缭绕，后来改名为“烟桥村”。这种奇特的现象在我年轻时还经常可以看到，这些年随着环境的变迁，已经很少看到了。

比起奇特的自然景观，烟桥更为人津津乐道的，是这条不过数百人的小村，数百年间人文荟萃，出了很多“读书人”，烟桥人“会读书”是很多九江人对其的第一印象。

这种浓厚的读书氛围我在小时候就深有体会。在我启蒙阶段，父母就告诫我要努力读书，他们会指着村口的一排旗杆夹石，讲述我们烟桥读书人的“威水史”。读书明理的信条深入烟桥人的骨髓，村里的老人会告诫小孩，写过字的纸张不能丢到地上，要扔进焚字塔里烧掉。

年少的我只觉得这一切都是理所当然的，直到后来才发现，烟桥人读书的劲头有着深厚的历史源流。

为了弄清楚烟桥人读书的秘密，我利用空闲时间翻阅了很多历史资料，研究了村里厚厚的族谱，对村里留下的很多古迹进行一一考究，慢慢理清了烟桥的历史脉络。

在烟桥的发展历程中，何文绮是绕不过去的人物。他不仅是烟桥第一位进士，官至兵部主政，更为人津津乐道的是他风义乡里，为烟桥村民定了很多为人处世的准则；他出钱出力重建、维修祖祠，并告诫族人："若夫在家不孝、出仕不忠、交友不信、处世不义，本实先拨，才艺虽多，亦不足观矣"，要堂堂正正做人。

何文绮不仅敦教乡人，更以身作则，以自己的品行感化乡民，无论为官还是为人都始终坚持行正道，留下了很多典故，成为烟桥人重要的精神养分。

清道光十三年（1833年），西江发大水，桑园围决堤，当时何文绮正好告假回乡，他劝说乡绅分发钱粮赈灾，亲自视察堤围决口，连续风雨不休，指挥监督修复堤围。当水患平息后，何文绮被加封员外郎，乡人朋友纷纷登门道贺，但他却严肃气愤地说，救灾是自己的分内事，把乡人道贺一一拒于门外。

如今在村里，还有一大片由何文绮种植的竹林，除了作为村里的防御工事，他更希望告诫乡民要像竹子一样高风亮节。

也是在何文绮的感染下，"一入烟桥，必行正道"成为村民恪守的"村训"。烟桥正道处于烟桥村东西轴线上，是进入村子的必经之路。清咸丰年间，由何文绮的侄子何如骢捐资，把当时的土路全部铺上了青石板，并建起了麻石门楼，上书"烟桥正道"四个大字。

由"烟桥正道"引申出的"正道文化"深深植根于乡土，激励着一代代烟桥后人，通过读书明理，实现“行正道、干正事、做正人”。

在历史长河中吸收精神养分

“万般皆下品，唯有读书高”，这句至理名言在烟桥数百年历史中一以贯之。在烟桥，读书不是一个人一个家庭的事，而是整个家族甚至整条村的荣耀。其中，何亨的故事最具代表性。

何亨一直到60岁都未能考取功名，就在他灰心失意之际，90多岁的母亲鼓励他，这并非他的文才不够，而是时运未到。在母亲的支持下，60多岁的何亨终于在1875年中举。我们在课本上都学过范进中举的故事，范进直到54岁才中举，何亨中举时比范进还要年长，如果没有家人的支持，在当时是无法坚持下来的。

得益于浓厚的读书风气，烟桥人才辈出，为村里留下很多富足的古迹和精神财富。很少人知道，如今位于香港中环区的名街兰桂坊源自烟桥村，如今在村里也有一个命名为“兰桂坊”的建筑。兰桂坊村内星桥书舍的附属建筑，由烟桥富商何星桥兴建。何星桥的儿孙名为兰桂、芝兰和丹桂，何星桥希望儿孙“兰桂腾芳”，因此将此处命名为“兰桂坊”。20世纪，何星桥的后人移居香港后，获得中环区的一片地，当时后人决定将此处命名为“兰桂坊”，同样取其“兰桂腾芳”的寓意。

关于烟桥的故事仍有很多，经过岁月沉淀，成为全体村民共同的精神财富。我们老一辈有责任为子孙后代将烟桥的故事保留下来、传承下去。我希望通过自己的讲解，能够让更多人了解烟桥的历史，了解在这方水土曾经发生过的人和事，激励更多人从历史中吸收精神养分，做人做事要行正道、做好人。

周

第七篇

龙

上

“龙”的传人

在来到九江之前，孙倩对龙舟的印象跟很多人一样：“这是书本上的、博物馆里的东西。”

作为大地艺术节中国项目发起人及策展人，孙倩在全国各地见识过有传统文化习俗的乡镇太多太多。

虽然她很早以前就听说过九江拥有首个“全国龙舟名镇”的名头，但仍然没有怎么关注这个“标签”。

然而，当她走进九江龙舟赛的现场，那种直击人心的震撼瞬间击中了她的心房，“那一刻，我无比感动，真切感受到龙舟文化根植九江民间的旺盛生命力”。

同时，孙倩也像很多外地人一样，对九江有了一个共同的好奇。

九江人，为什么如此热爱龙舟？

从小到老，放不下的桨

【这种基于民间的文化行为，能融入大家的血液里，特别具有生命力和感染力，即使放到全世界看，都是能够代表民族文化的重要符号。】

九江如果有一个别名，其中一定有一个“龙”字。

“龙舟”的龙。

起龙、龙船采青、游龙、竞艳、会阿契……龙年春天，2024全国龙舟大联动从九江烟桥古村启航，划向大江南北。一整套九江龙舟非遗民俗活动也跟随镜头传到全国各地。

此情此景，让孙倩为之激动、感慨。

“这种基于民间的文化行为，能融入大家的血液里，特别具有生命力和感染力，即使放到全世界看，都是能够代表民族文化的重要符号。”相比起赛龙舟的紧张刺激，更吸引她的是民俗活动背后展现出来的文化魅力。

在龙舟竞艳环节，她盯着不同龙舟展示出来的不同造型和样式，怎样都看不够。“我相信这背后有很多文化故事值得深入挖掘，能够让这么多人聚在一起，才是九江龙舟文化完整的样子。”孙倩说。

作为九江龙舟非遗文化传承人的朱石明，是3月这场龙舟活动的主持人。孙倩想了解的关于龙舟文化的一切，都可以从朱石明这里找到典故和出处。

龙舟贯穿了朱石明整个成长经历，他是龙舟的传人，也是无数九江人的缩影。

儿时，朱石明最大的快乐是和同村小孩赖在龙舟上不肯走开，祈求大人可以带他们扒上一圈。长大后，他成为龙舟队的一员，带领着乡亲们扒了半辈子。如今到了晚年，他把龙舟视作自己的生命，希望身体力行把九江龙舟文化传承下来并发扬光大。

朱石明认为，九江人扒龙舟最初是出于一种本能。作为珠江三角洲典型的水乡，九江镇内河网密布，几乎每条村都有河涌流经，扒艇出行成为最早最便捷的交通方式，练就了九江人个个都是“扒仔”。对于九江人来说，艇是日常出行、耕作、养鱼时的工具，而闲暇时候扒艇就是一项运动爱好和比赛。“所以扒龙舟对于九江人来说，就像学走路、跑步一样，是与生俱来的技能。”朱石明说。

深厚的民俗文化是全体九江人的精神财富（九江宣办供图）

时光流转，本能化作热爱，与日俱增。朱贤勤这一辈人乃至不少后辈，都是跟随长辈的脚步，从小闻着河边飘散的木油味道长大，每次放学就跟同学来到河边，在龙舟里东摸摸西摸摸，趁机爬上去，扒得像模像样。

为了可以随时划龙舟，他和同村兄弟组建了一支龙舟队伍，这支因为热爱走在一起的队伍，也因为热爱迅速壮大，发展有80多个队员。“很多队员利用午休时间进行训练；有队员为了能参加训练跟老板长期请假；也有队员选择开滴滴、送外卖等自由职业，一到训练时间就停止接单。”虽然从事不同工作，但一旦上了龙舟，他们都是个顶个的好把式。

中国龙舟看佛山，佛山龙舟看九江。九江全镇27个村居拥有大小龙舟600多艘，从年头到年尾，大小龙舟盛事不断，数百年来长盛不衰。

在佛山，热爱龙舟的镇街有很多，每个镇街都有属于自己的独特龙舟文化，但在这么多镇街中，九江无疑是最特别的一个，九江龙舟氛围之热烈、群众基础之深厚，是其他镇街难以比拟的。

“九江每个村都有龙船，一旦扒龙船，全村人都会争着报名，所以扒龙船凝聚整个村的人，背后就是一种团结文化。”在朱石明看来，龙舟有一种“魔力”，即便邻里之间有点矛盾，但在龙舟上一起拼搏努力后，大家往往拍拍肩膀，也就没事了。

龙舟文化是中华文化的瑰宝，九江龙舟文化所蕴含的力争上游、团结拼搏的精神，更是深入了每一个九江人的骨髓里，其所爆发出的能量远超一个镇、一个市甚至一个省，成为全国龙舟文化的一面旗帜。

这也是虽然热爱龙舟的地方有很多，但九江如此特别的一个重要原因。

从春到冬，生活中相伴

【老龙王、周将军、“睡龙”苏醒，一个个古老的典故承载着九江人最朴素的自然观和世界观，融入对龙舟文化的热爱，为九江龙舟文化注入灵魂。】

九江龙舟的江湖地位，是一代代人“卷”出来的。

每年，从农历二月初二开始，举办全世界最早的龙舟赛事，一直到年末，全年赛事不断。对于九江人来说，在龙舟比拼中拿下好名次，是光耀门楣的事。

龙舟之于九江人，不仅是一种传统、一种生活方式，更是一份使命和责任，承载着九江人的光荣与梦想。

九江划龙舟最早的文史记录可以追溯到300多年前。1657年刊发的《南海九江乡志》写道：“端午饮艾酒、酿角黍、竞龙舟夺标，至六七八九月兴犹未阑。”由此可见当时龙舟文化已经兴盛繁荣。

但九江龙舟的盛行必然还要更早。因为九江沙咀村的沙嘴老龙，“出生”在明朝，至今已经400多岁。“五月龙公逐海游，兴来直闹到寒秋。一声鼓响如飞去，人力让他沙嘴头”，这首九江的竹枝词，描写的正是沙嘴老龙。

不但年岁最老，老龙王船身也是最长的，足足有12丈（36.8米）。老龙王拥有至高无上的地位。为了供奉沙嘴老龙，清道光年间，九江人专门建了一座龙王庙。而每年镇内举办国庆锦龙赛前，全镇的龙船都会先到龙王庙参拜。

沙咀村村民关祥挺依稀记得，老龙王只在发生重大事情时才会起龙船，平时很难目睹真容，一旦出水，操桨掌舵的不是年轻人，而是清一色的老者，爷爷就在里面。

爷爷会给关祥挺讲老龙王的故事，神情虔诚而庄严。九江人相信，老龙王历经数百年至今保存完好，自有神灵保佑，成为九江龙舟的精神图腾。

从历史走来，龙舟活动扎根九江大地，在一代代九江人的传承演绎下，愈加精彩。

与全国龙舟活动集中在端午期间举办不同，九江每年最重大的龙舟盛会在国庆期间举行。龙舟盛会又被称为 “九江佬过年”，其热闹程度甚至超过农历新年。整个盛会包括起龙、龙船采青、请阿契、吃龙船饭、龙船会（游龙、竞渡、竞艳）、龙船出海、收龙等一系列环节。

“起龙”，是在吉日吉时到收藏龙舟的河涌边，拜祭河神后，将龙舟挖出清洗干净，而后再将龙舟晾干修补，并绑好龙筋及锤紧龙钉，将舟绕村内河涌扒一圈。随后请出龙头、龙尾举行“装头”“安尾”仪式。

龙船饭是九江龙舟文化的重要组成部分（梁平　摄）

龙舟装好后，进入“采青”环节，通常在凌晨举行。朱石明印象很深，小时候为了看采青，他坚决不睡觉，看着大人将采摘的禾青或龙眼树叶插在龙船上，寓意生机勃勃。整个过程要悄无声息，因为老龙尚未完全醒来。直到把柚子叶放进龙口，瞬间鼓炮齐鸣，“睡龙”苏醒。一系列操作下来，庄严又神圣。

每年10月1日，来到了最为隆重的龙船会和龙船出海仪式，整个过程持续两三天，通过游龙、赛龙和彩龙（艳龙）一系列环节，把龙舟盛会推向高潮。

龙船会最后一天，九江人会迎来最为壮观的“龙船出海”，各地龙舟集结成队，由九江六社村的“周将军”龙舟率领，浩浩荡荡地出巡西江，拜祭大将庙，祈求来年风调雨顺。

“巍峨古庙护灵乡，自古将军威武扬。粤海安澜钦德泽，黎民世代颂东方。”在九江，与龙舟有关的典故与传说从来不缺。

相传，古时有当地渔民在今将军庙外的水域上打捞到西汉名将周亚夫的神像，当天打鱼就获得了丰收。渔民觉得这是周亚夫将军神力庇佑的结果，于是就把打捞到的周将军神像请回到村里，立庙供奉。

老龙王、周将军、“睡龙”苏醒，一个个古老的典故承载着九江人最朴素的自然观和世界观，融入对龙舟文化的热爱，为九江龙舟文化注入灵魂。

这些年，有两件关于龙舟的大事，让九江全镇沉浸在浓浓的自豪里：2012年，赛龙舟（九江传统龙舟）被列入广东省第四批非物质文化遗产名录；2023年，九江镇龙舟入选中华体育文化优秀民俗民间项目。经过数百年的发展沉淀，九江龙舟已经开出了最绚丽的花。

从场内到场外，同舟再向前

【赛场上不甘人后、团结拼搏，是龙舟赋予九江人不屈不挠的性格底色；赛场外，九江人以龙会友，紧紧拧成一股绳，这就是同舟共济的九江精神。】

九江人热爱龙舟，龙舟也在塑造着九江人。

赛场上不甘人后、团结拼搏，是龙舟赋予九江人不屈不挠的性格底色；赛场外，九江人以龙会友，紧紧拧成一股绳，用行动诠释着同舟共济的九江精神。

扒龙舟是力气活，为了犒劳代表村子出战的将士们，每次比赛后少不了全村一起吃一顿龙船饭。“食过龙船饭，龙精又虎猛。”

但对于九江人来说，龙船饭有着更丰富的寓意，这体现在菜式上，九江龙船饭讲究意头，榄角烧肉是必有的，烧肉寓意红皮赤壮，榄角寓意出头露角。龙船饭还一定要有鱼，寓意龙舟队在比赛中都能如鱼得水。

吃过龙船饭，一年都会风调雨顺、幸福安康、五谷丰登，这是九江人对美好的向往。承载着九江人的共同愿望，龙船饭在九江有着超强号召力，是全村人的盛事。筵席间，邻里朋友相互祝酒，共话衷肠。

“龙舟饭的重点不是吃饭，而是相聚和团圆，是家乡的味道，更是浓浓的乡亲情。”朱石明觉得，扒龙舟的这些礼仪，看似只是传统风俗，实则是团结了整个村，也把九江人凝聚了起来。

而结契则在各个村之间建立下深厚情谊。在九江，各个村的龙舟都会跟周边各村龙舟结为兄弟。这种传统源于旧时村民出海打鱼卖鱼，相互认识后会在生意、生活上互相帮忙，就成了“阿契”。每年的“请阿契”活动，就是村子之间联络友谊与情感的重要方式。

丰富多彩的九江龙舟文化在一代代九江人的赓续传承下，仍在不断推陈出新。

经过长时间思考，朱贤勤决定接过父亲朱石明的衣钵，成为九江传统龙舟技艺市级非遗传承人。对于这一决定，他觉得是自然而然的事情。扒龙舟要从娃娃抓起，如今，朱贤勤也时常带儿子一起扒龙舟，到儿子所在学校讲述九江龙舟的文化与传统。

与朱贤勤不同，关家桦通过另一种方式，给传统龙舟文化注入新生命力。作为土生土长的九江人，关家桦所在的江滨社区龙舟与沙咀龙舟“结契”，从小耳濡目染，他得以深入了解沙咀龙舟文化和水乡环境，萌生出开发集龙舟非遗、古村游览、研学体验、传统美食于一体的“龙游古村”游览路线的想法。

经过一年多的运营，这条游览线路受到众多市民团体和游客欢迎，已经接

力争上游的龙舟精神感染着每一个九江人（九江宣办供图）

待近万人次。在宣传龙舟文化的同时，线路也带旺了沙咀村的就业、农产品销售和餐饮业。

76岁的朱石明正在酝酿一本书，内容是关于九江龙舟文化的方方面面。“这些故事、礼仪、习俗必须被记录下来。”他认为，这不仅是他作为省级非物质文化遗产项目代表性传承人的使命与责任，更是九江龙舟的文化传承。

夏日午后，龙舟水刚停，被洗涤后的烟南村，静谧而温润。

百年老榕树下，十几米开阔的璜矶涌上，龙舟队员们挥桨入水，动作整齐划一。

龙舟如飞鱼般掠过水面，溅起层层浪花。即将抵达烟桥时，龙舟绕着涌上一个标志浮漂紧急转弯，水面上泛起阵阵涟漪。

几个小孩坐在烟桥上钓鱼，对于刚才精彩的龙舟“漂移”，发出阵阵喝彩声。

在喝彩声中，龙舟文化的种子在孩子们心中悄悄埋下了根，静待开花。

下

“龙”行天下

九江龙舟，难以超越。

在遍地是龙舟高手的佛山，这是一个共识。

九江龙舟难以超越的底气在于，这里不仅有全民热爱的民俗，更有世界级的职业运动水平。

九江龙舟队的上一个国际大奖，是2023年举行的第16届世界龙舟锦标赛混合200米标准龙，九江龙舟队破44秒夺冠。

这是很多镇街做梦都梦不到的成绩，对九江人来说却并不算太稀罕。“我们确实是农民出身，但我们也经常拿国际大赛的冠军。”九江男子龙舟队教练吴国冲说。

一个小镇、一批农民创立的龙舟队，为何能在世界赛场上屡战屡胜？

答案看似简单，但答案背后，却是很多人半辈子的追寻。

国际冠军，来自农村

【“我们当时就不信这个邪！”】

端午时节，岭南天气多变，刚刚还艳阳高照的天空突然乌云密布。吴国冲戴着帽子拿着计时表，并没有理会天气的变化：“比赛有可能出现任何天气，我们都要适应。”

在九江镇璜矶大道旁的龙舟训练基地里，队员们肩并肩坐好，目视前方，身体前倾。随着教练一声令下，数十根船桨整齐划一地插入水中，伴随着划手们发出“哼”“哈”的吼声，龙舟如飞鱼般掠过水面，水花混杂着豆大的雨滴扑面而来，运动员们的脸已经看不清。

两小时训练下来，吴国冲全身湿透。从20岁到60岁，从年轻队员到九江男子龙舟队教练，吴国冲在这条河涌上，每天来回十几趟，扒了整整40年，“一天不下水，整个人都不舒服。”

九江是水乡，造就了九江人爱水也依赖水的性格。在陆路交通不便的年代，九江人无论养鱼、干农活还是外出都要扒艇，练成了人人都是“扒仔”，孕育出龙舟文化的种子。

和拥有数百年历史的“传统龙”相比，九江“竞技龙”只发展了数十年，却取得了堪称辉煌的成就。

吴国冲参与见证了整个过程。

1984年，为了加强对外文化交流，九江提出组建镇级龙舟队，20岁的吴国冲没有想太多，第一时间报名参加选拔。与吴国冲同一时间进队的还有区俭安，如今他成为九江龙舟俱乐部的总教练。

选拔规则很简单，每人一只艇，500米直道，赢了就能进队。这对于区俭安来说太简单了。从小他就要扒艇到西樵、南庄等周边镇割鱼草，数公里的路都是一口气到达，不需要休息，而他永远是同伴当中扒得最快的一个。

正是这样的水乡环境，让九江人在竞技龙舟上表现出异于常人的天赋。吴国冲和区俭安顺利入队后，便参加了当年全省举办的“丰收杯”选拔赛，一举赢得胜利，创造了当年组队即夺冠的奇迹。

但是，对于这支由九江本地农民组成的龙舟队到底能走多远，大家心里并没有底。考验来自组队后的第二年，九江龙舟队代表南海参加澳门国际龙舟邀请赛。

此前一直在九江上学、养鱼的吴国冲和区俭安心里不禁忐忑起来：澳门是什么样子？来自世界的对手是不是都非常强？没有经过系统训练的九江队会不会被拉开大段距离？

所有疑虑很快烟消云散，这次比赛九江龙舟队再次顺利夺冠。从九江的河道，走到国际领奖台，九江龙舟只用了一年时间，从此拉开了不断收割冠军的序幕。

1985年至1988年，九江龙舟队实现澳门国际龙舟邀请赛的“四连冠”，在国际赛场上掀起了一股“九江旋风”。

随后十年，九江龙舟队不断参加国内外各项比赛，一次次站上领奖台，所有人都对这支队伍刮目相看。

就在所有人沉浸在荣誉带来的喜悦中时，厄运不期而至。1997年，一场特大交通事故给九江龙舟队带来重创，九江龙舟队不得不解散。

是选择一蹶不振还是东山再起？九江人不认命，也不服输。

两年后，九江龙舟队再次选拔组队，并参加当年在香港举办的国际龙舟邀

九江龙舟队多次站上国际领奖台（九江宣办供图）

请赛。

在此之前，九江龙舟队曾多次到香港参赛，但均无缘冠军。但队员们就不信这个邪。从经历辉煌、跌落谷底再重新振作，涅槃重生后的龙舟队伍没有畏惧，也没有新组队的不适，把一切都化作比赛场上的动力，一举夺下当年的香港邀请赛的冠军。

在领奖台上，队员们拥抱一起，泪洒奖台。他们都深知，这个冠军，来之不易。

随后四年，九江龙舟队又连续夺得“香港国际龙舟邀请赛”冠军。自此，九江龙舟逐渐走入自己的“黄金时代”，除了中国内地、中国香港和中国澳门外，九江龙舟队比赛的身影还遍布马来西亚、泰国、捷克、美国等地。

这支由农民组成的队伍，用自己的热爱与坚持，书写了世界龙舟运动的“九江传奇”。

曾经失败，永不言败

【从业余队伍一跃变成职业队伍，不变的是九江人对龙舟的坚守。】

走进九江龙舟俱乐部会议室，瞬间就会被墙上各种比赛和领奖的照片所吸引，柜子里的奖杯更是琳琅满目，让人目不暇接。

对于九江龙舟来说，2008年是一个重要年份，这一年九江龙舟俱乐部成立，走上了职业化道路，成为全国首个龙舟俱乐部，从业余队伍一跃变成职业队伍。不变的是九江人对龙舟的坚守，让九江龙舟继续书写着自己的传奇。

此时的吴国冲早已从一名年轻队员，成长为九江龙舟队队长。龙舟俱乐部的成立赋予了他一个新的任务：带领年轻的职业队伍冲击亚运会奖牌。

2010年，第16届亚运会在广州举办，作为东道主，在广州亚运会组委会的推动下，拥有数千年历史的龙舟运动历史性地成为亚运项目，全世界的目光投向了这一古老又年轻的运动。

对于九江龙舟队来说，能够在“家门口”代表国家出战，将是前所未有的荣誉，但竞争也将前所未有地激烈。

为了拿到中国龙舟进入亚运会的唯一一张门票，九江龙舟队进行了刻苦准备。在全国亚运选拔赛阶段，吴国冲等人带领队伍一路过关斩将，最终险胜肇庆男队，成功“扒”进亚运会。

而更让九江人沸腾的是，46岁的吴国冲以中国国家男子龙舟队队长的身份，成为广州亚运会开幕式点火前的倒数第五棒火炬手。

即便已经过去14年，但广州亚运会上火炬传递的一幕，仍然深深印在吴国冲的脑海里。这既是他人生的高光时刻，也是让全体九江人引以为豪的动人时刻。

那是2010年11月12日22点20分，广州亚运会进入最激动人心的点火环节。在现场十几万观众以及全球直播观众的注视下，吴国冲从海心沙岛外的珠江江面上，手持火炬，奔跑而来。在完成火炬交棒的那一刻，吴国冲以及他背后的九江龙舟队，完成了向世界展示自我的重要表达。

这是九江龙舟队的高光时刻，也是九江人最引以为豪的骄傲。

在随后的比赛中，九江龙舟队代表中国，站上了500米直道竞速和250米直道竞速的领奖台。虽然没能夺得冠军，但从此，世界知道了中国龙舟队，知道了中国九江镇。

以一个镇的能级打造出一支“国字号”队伍，九江龙舟所爆发出的巨大能量，除了根植于这片深爱龙舟的热土，更离不开九江乡亲的鼎力支持，让九江龙舟队从无到有，从强迈向更强。

九江女子龙舟队正是在热心乡亲的支持下成立的。

2007年，九江镇承办全国龙舟之乡争霸赛，当时九江镇没有龙舟女队，由九江烟南村代表参加，却一举夺得了赛事亚军。

意识到女子龙舟队同样大有可为，一直关心和支持九江龙舟发展的澳门乡亲吴立胜此时提出捐资600万元，成立九江龙舟俱乐部，同时组建九江女子龙舟队，已经到了退役年龄的区俭安收回了退休申请，接过棒子，成为九江女子龙舟队教练。

在区俭安的带领下，女子龙舟队延续了九江龙舟队的辉煌，在组队的第二年便拿下了澳门国际龙舟邀请赛冠军，随后一路高歌猛进。

2012年，在韩国举行的亚洲龙舟锦标赛中，九江女子龙舟队代表国家出征，勇夺五枚单项金牌和一枚男女混合组银牌，成为唯一一支拿下所有单项金牌的参赛队伍，实现了国际高水平赛事大满贯。

此外，九江女子龙舟队还连续4年获得中华龙舟大赛女子组年度总冠军，在2017年、2021年两届全运会包揽了9面金牌，撑起了九江龙舟的半边天。

数据是九江龙舟实力的有力证明。自成立以来，九江龙舟俱乐部共斩获奖牌765枚，25次代表国家出征海外各项重大赛事，金牌数量多达81枚。

但比起耀眼的数字，背后的辛酸更能体现九江人对龙舟纯粹的热爱。

从队员到教练，再到总教练，关于龙舟，区俭安有太多太多难忘的回忆。他难忘那年在香港国际邀请赛后得知父亲去世的消息；难忘2011年在美国参加世界龙舟锦标赛，队员们才放下行李10分钟就马上投入比赛的艰辛；难忘2010年亚运会最后一场选拔赛，女子龙舟队因为输了50厘米无缘亚运会，全队40多岁的九江“大妈”在岸上抱头痛哭。

但正是这些让他无法忘怀的种种，才让九江龙舟不屈不挠、力争上游的精神更加可贵；也正是这种挑战自我、拼尽全力、永不言败的精神，让九江龙舟队得以从河涌鱼塘出发，“扒艇”走向世界，成为海内外全体九江人最引以为豪的文化名片。

2018年第18届亚运会上，中国龙舟队站上200米金牌领奖台（九江宣办供图）

热爱至上，一往无前

【唯有热爱，可抵岁月漫长。因为坚持，所以一往无前。】

回看九江龙舟队的发展历程，2010年的广州亚运会，是一个重要的转折点。

拼尽全力的九江龙舟队最终只拿到两面铜牌，这并非偶然。对手的队员都是平均年龄20多岁的专业运动员，而九江龙舟队却是平均年龄已经30多岁的本地农民。

“当时初赛完休息10分钟，就马上进行复赛，这时候体能上的差距就非常明显了。”区俭安和吴国冲意识到，随着竞技水平的提升，九江龙舟队必须引入新鲜血液，让九江龙舟这面旗帜能够继续传承下去。

在热心乡亲和厂企的赞助下，21世纪第二个十年，九江龙舟队开始积极引入更年轻的职业运动员。经过几年的更替后，到2015年，九江龙舟队平均年龄和本地运动员比例均大为下降，更多年轻人接过棒子，让九江龙舟这艘船能够继续迎风破浪。

关祥挺是目前九江龙舟俱乐部里为数不多的本地人，但他的龙舟之路并不顺畅。从小对龙舟耳濡目染，他很早就表现出扒龙舟的天赋，高中时期就代表全国青少年参加在澳大利亚举行的世界龙舟锦标赛，夺得冠军。

高中毕业后，关祥挺本可以作为特招生进入广州体院，但因为学校没有龙舟专业，这意味着，关祥挺如果要上大学就要“改行”。难以割舍对龙舟的爱，关祥挺走上更艰难的职业之路。在经历了一度无队可进的迷茫期后，他幸运地在一次比赛中遇到了吴国冲，受邀回到九江加入了龙舟队。

回到故乡，扒龙舟的梦终于圆了。在龙舟队老队员毫无保留的传授教导下，关祥挺不断蝶变成长，成为如今的九江龙舟男子队队长。日常除了带领队员们积极训练、出外参加比赛外，他还会到全国各地进行新队员的选拔。

如今，九江龙舟队队员来自全国各地，他们的加入并没有影响九江人对竞技龙舟的热爱。相反，职业队伍的发展带动了越来越多高水平的龙舟选手加入各村的龙舟队，成为“半职业”运动员，带动了各村龙舟竞技水平的提升。

黄伟力是烟南村龙舟队的负责人，为了迎接端午节的众多比赛，他最近都在全职训练。每天下午，他都带领队员们集中训练2个小时，雷打不动。

“除了代表村里比赛外，我们日常也会去外面当龙舟教练或队员。”黄伟力说，每年端午前后，他就会化身“专职”运动员全身心参与训练，并到周边清远、广州等地参加比赛。

在成为一名职业运动员十几年后，关祥挺也回到了沙咀社区组建了龙舟队，并把在俱乐部里学到的专业训练技术与技巧传授给村里队员。每天晚上9点，村里队员们就会准时开始训练，一直到晚上11点回家，第二天继续上班。

“每个人都有自己的职业，但是每个人都会选择坚持训练。”关祥挺认为，这背后支撑大家的只有两个字：热爱。

唯有热爱，可抵岁月漫长。因为坚持，所以一往无前。这就是关祥挺、吴国冲探寻了半辈子的答案。

世世代代的梦想需要延续，龙舟精神需要薪火相传。在关祥挺孩子学校里，挂着关祥挺夺冠的照片。他最自豪的是，当别人问起孩子的偶像是谁的时候，他们会回答说：“我们的偶像是爸爸，他就是明星。”

看着孩子自豪的样子，关祥挺相信，下一代的九江，还会赢。

人物口述

九江龙，世界龙

每天早上6时，关祥挺起床，然后开始跑步、拉单杠或者握哑铃，练体能和上肢力量，然后在九江镇璜矶大道旁的龙舟训练基地的河涌上，开始一天的水上练习。

这样的训练，关祥挺和队员们日复一日，风雨不改。也正是这样的努力，承托起九江龙舟队从河涌鱼塘出发，“扒艇”走向世界。

作为土生土长的九江本地人，也是如今九江龙舟俱乐部男子龙舟队队长，关祥挺见证着世界龙舟运动的“九江传奇”。以下是他的自述：

19岁，我做了一个美好的梦

九江是水乡，无论养鱼、干农活还是外出都要扒艇，所以九江人个个都是“扒仔”。九江的龙舟文化历史悠久，作为龙舟之乡，村里每10个人大概就有3个人是会扒龙舟的，特别是在每年国庆、端午前后，村里更是热闹非凡。

我真正接触龙舟，是在3岁左右，印象最深的是龙舟契友走访，那时候只有2艘传统龙舟，为了上船占位，我连饭都不敢多吃，生怕没有位置。

可能骨子里天生就有龙舟的基因，初中毕业时我选择了去九江中学分校，因为学校有醒狮、龙舟等特色教育。当时报名参加学校龙舟队的选拔，竞争很激烈，70多人报名只选拔一支龙舟队。因为从小喜欢龙舟，平时也经常扒，我顺利进入了学校龙舟队。

最难忘的一次比赛经历，是参加在重庆市举办的“屈原杯第十五届全国龙舟锦标赛”，我们获得了全国青少年组混合组500米第一名，我个人获得最佳鼓手奖。紧接着，我们代表国家队参加在澳大利亚举行的世界龙舟锦标赛，并拿下了该比赛的冠军。

但是很快，我就面临了人生的一个分岔点：高三毕业后何去何从？

当时摆在面前有两个选择。一是以特招生身份进入广州体院等高校，但因为高校没有开设龙舟专业，要读大学就要“改行”；二是放弃学业，找一个龙舟俱乐部走职业道路。当时家里人都支持我去读大学，他们认为“扒龙船”没有效益，也太苦了。

但我真的很热爱龙舟，始终不想放弃。少年嘛，就是敢拼敢闯。不顾家里人反对，我坚持去了东莞一家俱乐部。最初没有工资，当时我姐姐读书每个月有400元钱生活费，她去超市买了一箱方便面和牛奶，剩下的钱全部给了我。在姐姐的支持下，我又可以每天与心爱的龙舟打交道了。

半年后，在杭州的一个比赛上，我遇到了九江龙舟队的队长吴国冲，他认出了我，一番交谈后，他问我：“你想不想回去家乡发展？想不想加入九江龙舟队？”

幸福实在来得太突然。那一刻，感觉像做梦一样不真实。九江龙舟队是那么地赫赫有名，能够为家乡出战更是我梦寐以求的事情。

就这样，19岁那年，我正式加入九江龙舟队，成为当时全队最年轻的队员。

龙舟，让奋斗有了价值

入队没多久，我就和队友迎来一个重要挑战：2010年广州亚运会。竞争很激烈，为了拿到入场券，我们玩命训练，一路过关斩将，最终夺得中国龙舟进入亚运会的唯一一张门票，代表国家与世界龙舟强队角逐亚运金牌。

虽然最后与亚运金牌擦肩而过，但能够站上领奖台，还有吴国冲队长作为亚运火炬手的亮相，对九江龙舟队具有历史意义。我们向外界证明了，九江龙舟，不仅仅是九江的，更是中国的、世界的。

荣誉之外，我们也看到了与世界强队的差距，别人都是年轻的职业选手，平均年龄20岁出头，而我们平均年龄已经30多岁，对于激烈的竞技运动来说，已经是严重老化了。

改革势在必行。2011年，我们开始面向全国招人。这一步，很艰难，但我们必须注入新鲜的血液。

九江人对扒龙舟的热爱还体现在日常的点点滴滴，九江每个村和社区都有自己的龙舟队。

在日常训练之余，我也回到了家乡沙咀社区组建了龙舟队，大家响应非常积极。队员们来自各行各业，他们白天上班，晚上9点开始训练到11点半，回家冲凉睡觉，第二天继续上班。有的队员为了扒龙船情愿选择更自由的职业，大家对扒龙舟都很痴爱、是“发烧友”。

我时常会想，如果当年我没有坚持选择龙舟会怎样？我还有机会到全国乃至世界各地比赛，参加亚运会，一次次登上领奖台吗？答案显而易见。龙舟打开了我的新世界，让奋斗有了价值。就像我到学校以自己的经历跟孩子分享所说：每个人最初都是一张白纸，遇到困难挫折不要放弃，从出生到死亡，各种人生，最重要的是看你如何选择。

我希望未来年轻一辈能有正确的价值观和人生观。我孩子的学校挂着我夺冠的照片，我最自豪的是，当别人问起他的偶像是谁时，他会自豪地说：“我的偶像是我爸爸，他就是明星。”那一刻，我觉得一切都是值得的。

扒龙舟是传统，更是信仰

作为省级非物质文化遗产项目代表性传承人，76岁的朱石明熟悉关于龙舟的一切，从龙舟的构造、木料、保管，到龙舟会的组织构成，再到龙舟比赛的要点、礼仪和民间龙舟典故等，他都如数家珍。

为了把这些故事、礼仪、习俗记录下来，他正在写一本书。的确，对于九江人来说，这项传承数百年的传统，早已深入每一个九江人的骨髓，成为一代又一代九江人的精神图腾。人们不禁要问：九江的龙舟文化是如何兴起的？以下是朱石明的讲述：

扒龙舟是“九江佬过年”

九江是珠江三角洲典型的水乡、侨乡、龙舟之乡，素有“儒林乡”的美誉。九江镇内河网密布，几乎每条村都有河涌流经，扒艇出行成为最早最便捷的交通方式，九江人个个都练成了“扒仔”。

我是1948年出生的，今年已经76岁了，自记事开始，龙舟在我生活中就占据很重要的位置。对于九江人来说，扒龙舟是自然而然的事，就好像小孩出生后不久就会爬。我记得，小时候经常跟同村小孩赖在龙舟旁不肯走开，就为了可以摸一下船桨，偷偷扒一下龙舟；后来我自己也当了一名“扒仔”，可以经常扒龙舟；再后来我开了一间制衣厂，日子变富足了，虽然随着年纪增大扒不动了，我也会每年赞助龙舟比赛，为九江龙舟出一份力。

九江龙舟的盛行最早可以追溯到明代万历年间。一方面，九江是水乡，奠定了龙舟文化的自然基础；另一方面，九江以前也叫“小广州”，人们生活富足，仓廪实而知礼节，每条村每处乡大大小小节庆不断，扒龙舟就成了最重要的庆祝活动。

我记得新中国成立前九江有63艘龙船。20世纪60年代初，九江传统龙舟曾出现了一段兴盛期。那一年国庆节，九江公社组织了一场西江竞渡，场面非常壮观。虽然中间经历了一段时间沉寂，但改革开放后，九江龙舟竞渡的传统又回来了，大家请出深埋在河涌中的老龙舟，清理了淤泥与水草，又请来最好的匠人进行修理、刷漆。

到20世纪80年代，九江镇的龙舟习俗得到了进一步发展。每年国庆前后，每条村里都热闹非凡，龙舟比赛、游龙、吃龙船饭，真的是比过年都要开心，所以又被叫作“九江佬过年”。

很多人会好奇，为什么九江的扒龙舟不是在端午节而是在国庆节。因为九江龙舟有一个仪式是龙船出海，祈求风调雨顺。但是端午前后雨水很多，出不了海。而国庆节一般都是在农历八月十五左右，天气会比较好，然后刚好过了农忙时节，但是又还没有到鱼塘干塘，大家都比较空闲。

没有什么矛盾龙舟解决不了

龙舟盛会开始前的仪式非常重要，也非常讲究。整个传统龙舟活动主要包括起龙舟、龙船采青、请阿契、吃龙船饭、龙船会（游龙、竞渡、竞艳）、龙船出海，最后是收龙。

过去龙船饭都是村里人一起煮，现在更多是在酒楼或请人来煮。但无论哪种吃法，一定少不了榄菜烧肉这道菜，它的含义是“榄角榄角，出头露角”。龙船饭还有很多特色菜，都有着不同寓意，承载了九江人的美好愿望。

这一天，全村人聚在一起吃饭，即使是在外的乡亲，都会尽量赶回来。龙舟饭的讲究是，今年你请，明年我请，村里人轮流来，一条村开上百桌甚至几百桌，有些家庭富足吃得丰盛些，有些会简单一点，但无论吃什么大家都会很开心，因为龙舟饭的重点不是吃饭，而是相聚和团圆。

扒龙舟是村里的大事，大家都会群策群力，氛围很好，村民之间有什么矛盾，也是通过龙舟解决的，拍拍肩膀就没事了。

龙舟也在村与村之间建立起纽带。我们九江龙舟中意结契，跟周边村、顺德、番禺的龙舟都有结契的传统。结契的由来是旧时村民大多以卖鱼为生，大家在河涌上行驶一来二去都会认识，成了“阿契”，在生意、生活上大家都会互相帮忙。所以每年龙舟活动都会“请阿契”，主要就是联络友谊与感情。也是因为这个活动，九江的龙船长度都不会超过22米，不然就不能扒出去“请阿契”，因为很多河涌和闸门会比较窄。

对于这些民俗和典故，我都非常清楚，也希望把它们留给后人。我现在最大的一个心愿，就是把这些记录下来。虽然我不认识字，只会说不会写，但是我可以通过口述让我儿子整理出来。他也继承了我的衣钵，成了九江传统龙舟技艺的非遗传承人。

我想，无论再过多少年，九江龙舟文化，也能像九江人一样，生生不息传承下去。

左上　“晓·光圈”团队记录下的九江风光（李志东　摄）

右上　“晓·光圈”摄影团队与周关文心（后排左四）合影（“晓·光圈”供图）

左下　九江以赛促训，推动家居行业转型升级（九江宣办供图）

右下　安德里茨（佛山）智能制造有限公司开业（九江宣办供图）

安德里茨(佛山)智能制造有限公司
开业庆典启动仪式
ANDRITZ
安德里茨（佛山）智能制造有限公司开业庆典
OPENING CEREMONY OF ANDRITZ (FOSHAN) INTELLIGENT MANUFACTURING CO., LTD.

红棉公园让圩里九江焕发生机（梁平　摄）

左上　改造后的下北岳湾大石路小花园成为居民日常打卡点（梁平　摄）

右上　敦根社区沿着环村涌创作了一系列反映地方特色文化的墙绘（梁平　摄）

右下　三乡围西江沿线乡村振兴示范带吸引市民打卡徒步（梁平　摄）

夜幕下的万寿街串联起整个老城区（梁平　摄）

九
JIUJIAN

上　敬老晚宴是联系万寿街街坊的重要纽带（梁平　摄）

左下　万寿街每年举行敬老晚宴（梁平　摄）

右下　万寿街迎来热闹的七夕活动（梁平　摄）

水上文旅再现水乡画卷（梁平　摄）

右上　璜矶舞火龙热闹非凡（“晓·光圈”供图）

右下左　老城区焕发新活力（罗平强　摄）

右上右　舞火龙是璜矶独有的节庆活动（“晓·光圈”供图）

安善院
桶装
水
送中心
5926184
590 5558
萬安善院

第八篇

侨

上

我们的小镇与这个世界

七八月，又是一期《九江侨刊》出版前的冲刺期，关凤仪忙得不可开交。

作为副主编，她每天都要琢磨，怎么为世界各地的九江人把这本“家书”编好。这本刊物发行量虽不算大，却是全国唯一正式出版的镇级侨刊，要精准地寄往全球各地的一千多个地址。邮戳的一头连着25万九江常住居民，一头连着60多个国家和地区的25万九江侨民。

像九江这样，侨民规模与本地常住人口规模相当的镇，全国也不多见。从明清到民国，再到新中国成立、改革开放后，一代代九江人开眼看世界、出门闯世界，在世界开枝散叶。更为难得的是，无论他们身在何处、从事何种职业、发展成就如何，始终不忘家乡的根。

可以说，世界上有两个九江，一个在南海，一个在南海之外的世界各地。也可以说，每个九江人心中都有两个世界，一个在全球迁流不居，一个永远扎根岭南大地。

这是一个属于九江的传奇。

世界的九江

【在世界的眼中，九江或许不算大。但在九江人的眼中，世界也不大。这是一个小镇特别的世界观。】

闯世界，仿佛是九江人的一种习惯。

关凤仪很小的时候，就听了不少族中长辈们的传奇故事。她的爷爷13岁时，跟着自己的叔叔坐船到古巴闯荡。20多岁时，爷爷在古巴挣到第一桶金，便来到美国旧金山开米铺，其间短暂回到九江结婚后再到美国。关凤仪的父亲年轻时也曾到香港定居，后来他是自己所有亲兄弟姐妹中唯一将家眷留在九江的。

关凤仪与华侨的缘分，不只是源于自己的家族。

“1984年，我第一份工作是在吴家大院，做镇广播站的播音员。”她口中的吴家大院，由越南的九江华侨吴赓南及畅如兄弟始建于清末光绪年间，是佛山地区面积较大、保存较为完好的百年古建筑群。如今，吴家大院历经修缮、

吴家大院由越南的九江华侨吴赓南及畅如兄弟兴建（梁平　摄）

调整用途，成为九江侨乡博物馆，也是佛山首家侨乡博物馆。

但关凤仪真正深切了解九江华侨这个群体，还要到2015年接手侨刊编辑工作之后。当时还在经营一家平面设计公司的她，受到九江侨务部门邀请，先是兼职负责侨刊的改版设计，后来又参与内容创作，亲身采访了不少知名侨胞。

自那时起，她开始深入了解到这样的历史：九江人很早就开眼看世界；从九江出去的华侨，把九江人的精神也带到了世界各地。

在很多地方，九江人做自我介绍只需要讲“九江人”即可，不用称“南海九江”，这正是“九江不认南”的来由，可见九江人在华侨界的整体影响之大。

这些年，关凤仪和同事们采访过旅美关洛章、吴绍民、关沃明等各个领域的海外九江人杰出代表。这些人无论在哪里，给关凤仪最深的印象就是低调、平和，“做大事的人都不会夸夸其谈”。

与关洛章的见面，让关凤仪深深感受到了海外九江人对家乡浓厚的感情。

1939年，世界南海联谊总会名誉会长关洛章出生在香港。高中毕业后，关洛章曾在香港警察总部担任翻译员，但是他并不满足。1962年，他远渡重洋，进入美国加州伯克利大学攻读土木工程专业。大学毕业后，关洛章陆续在3个大型工程事务所就职，从见习一直做到主管工程师。随后，他创办了关氏结构工程事务所，参与设计了旧金山多间学校、医院与工厂，还曾获得美国建筑师协会突出成就奖。

关凤仪在2018年见到了这位传奇侨领。当时，这位老人家先是从美国飞到中国香港参加了一个会议，再从香港出发，先后搭乘香港地铁、广深高铁、广佛地铁、公交车回到九江，接受采访。九江侨办原计划派车到深圳去迎接，但是关洛章坚持拒绝。他说：“我就是要趁此机会体验国内的高铁、地铁，一把年纪了还是要跟上时代步伐。”

更多的杰出海外九江人的名字，还没有来得及进入关凤仪的采访清单。美国前卫剧场导演张家平是其中一位。

张家平的父母都是粤剧演员，经常带着他辗转于美国以及新加坡、马来西亚、越南等多国演出。在父母的影响下，他选择了视觉艺术和电影作为大学专业，并师从纽约著名的歌唱家、导演、制片人Meredith Monk，曾获得古根海姆奖、美国国家艺术奖章，是少数具有国际声誉的华裔剧场艺术家。很多这样的例子证明：九江人能够在这个世界的各个地方，取得优秀的成绩。

在世界的眼中，九江或许不算大。但在九江人的眼中，世界也不大。这是一个小镇特别的世界观。

血脉的共鸣

【无论身在何地，九江人始终保留着骨子里不服输的精神，把握时代机遇，通过一代人乃至数代人的奋斗，取得辉煌成功。】

无论在哪个时代，无论在世界的哪个角落，翻阅海外九江人的人生故事，似乎总能找到其中的一些共同点。

也许，这些共同点，就是九江祖辈在“儒林湾”里千百年传承下来的文化与信念，关于勤奋、关于诚信、关于爱国、关于孝道，支撑着九江人找到成功的路径。

在美国硅谷，著名的李维斯体育场是一座全球领先的智能化体育场，曾经举办“百年美洲杯”的揭幕战、第50届“超级碗”。

如果不是九江乡亲吴立斌主动透露，可能很少有人知道这座场馆建设中有九江人的企业身影，以及九江人在异国他乡站稳脚跟，经历了几代人的努力。

吴立斌家族的“闯世界”故事，要从清朝末年讲起，那是近代史上九江人闯荡世界的一个高潮。华人赴海外谋生古已有之，但是直到清末海外华人才正式进入官方视野。1848年，人们在旧金山发现了金矿，包括中国人在内的世界各地的人前往淘金，进而在国内沿海地区也兴起了一波移民热。

当时，吴立斌的曾祖父吴联贵，像关凤仪的叔曾祖等人一样，都是千万个外出看世界的九江人之一。跟一些地方的侨民因为找不到生计而被动出国，甚至以“卖猪仔”的方式到国外做苦工不同，吴联贵等九江人更多是主动出海“淘金”，寻找一片更广阔的天地。

他们将中国的货物运到旧金山，然后再分销到美国各州市，甚至南美洲、中美洲，被称为“办庄”。

那是一个剧烈变化的时代。吴立斌的爷爷吴荫祥在美国经营起自己的事业，逐渐过上富足的生活。吴立斌的父亲吴绍文出生后由于美国的移民政策变化以及第二次世界大战等原因，一直留在了大洋的这头，辗转香港、澳门、广州、湛江等各地，始终难以与海外的家人往来。

改革开放后，是九江人闯荡世界的又一个高潮。

1977年，44岁的吴绍文得以首次前往美国，照顾年迈的父亲。虽然在那时，吴荫祥因为生了一场重病几乎把积蓄花光，吴绍文自己也已经人到中年，无学历、不懂英文、创业资金几近为零，但是他骨子里有一股九江人不服输的劲头。在经过香港中转时，他对堂弟说，不甘心平淡过一辈子，以后到美国一定要买奔驰。果然到1986年，吴绍文第一次回到九江，就开着一辆奔驰，那时他已经是一家建筑公司的老板。

如今，吴立斌继承了父亲的建筑事业，并创立了自己的公司。业务最繁忙的时候，他们同时在美国6个州承建9间酒店的建设工程。

无论身在何地，九江人始终保留着骨子里不服输的精神，把握时代机遇，通过一代人乃至数代人的奋斗，取得辉煌成功。

随着港澳因特殊优势迎来大发展，在港澳的九江人很快把握了契机。

有着“澳门茶王”美誉的曾志挥就是其中的杰出代表。起初，曾志挥的父亲在澳门经营着一家名为大昌的酒厂。才20岁出头时，曾志挥就已经是澳门酒业商会主席。但是他命运的更大转折出现在1965年，中资南光贸易公司找到曾志挥，希望他利用澳门贸易优势，帮助内地茶叶打入国际市场。在他的牵头带领下，不到两年时间，内地茶在澳门的市场占有率就从5%上升到95%，并顺利经澳门销往海外，帮助国家收获大笔外汇。

每个时代有每个时代的故事。跨越不同时代，一代代海外九江人筚路蓝缕的闯荡史，让关凤仪无限感慨。

在她看来，九江人的成功并非偶然，而是有共同的文化基因作为支点。她说：“人生的起跑线，可以在任何节点，无关乎年龄，但关乎九江人血脉里的仁、义、勇、信。”

2023年，海内外乡亲齐聚九江镇吴家大院（九江宣办供图）

常回家看看

【“千江万江，不如南海九江！”这个世界，有九江人的地方，就有这样挥之不去的九江情结。】

九江人的世界很大，如今20多万侨胞分布世界各地，开枝散叶；九江人的世界又很小，无论生在何地、身在何地，九江人始终忘不了自己的家乡。

家乡永远是他们心底最柔软、最珍贵的地方，落叶归根是很多海外九江人的理想。

“我知道自己祖籍是南海九江，很希望有机会能回南海看看，能够进一步了解家族历史。”出生在美国纽约，如今从事理疗师工作的关兰花，跟随父亲、爷爷的脚步加入了纽约南顺同乡会。1946年，关兰花的父亲关洪从香港出发，坐船赴旧金山，再到达纽约，在这里读完了高中和大学，后来在一家媒体从事摄影记者的工作。

在美国戏剧界闯出一片天的张家平，曾经低调地回到位于九江的祖屋，只为寻找乡愁。他明白，自己在戏剧事业上的成就，与父母从故土带来的文化滋养密不可分。为了制作一套逼真而华丽的皇帝戏服，张家平多次往返中美间寻找厂家、了解史实，打造更优质的舞台。他说："我还想更深入透彻地看到中华文化的更多侧面，并将这些侧面展现出来。"

30岁的朱志恒在香港出生。他的父辈事业兴旺时，也正是同乡会、旅港九江商会开始频繁来往九江之时。"现在父辈想我们这些年轻人接棒，我们也需要有更多的动力和归属感去继承。"朱志恒因此加入了由港澳九江裔乡亲和九江本地各行业杰出青年代表组成的九江青年精英协会，经常相聚活动。

像张家平、关兰花、朱志恒这样从小生长在外的九江人，都对家乡有着如此深厚的感情，那些成年之后再出去的九江人，对家乡更是有无限的眷恋。"千江万江，不如南海九江！"这个世界，有九江人的地方，就有这样挥之不去的九江情结。

自幼在九江由外婆带大的关家澄，改革开放后才前往美国。20世纪80年代，一次他与母亲到唐人街的一家药材铺买东西。在母子用九江话沟通时，被老板一下子听出来，原来老板也是九江人。在这个老板的牵线下，关家澄逐步参与旧金山的南海福荫堂、九江慈善公会等同乡组织，从而有机会为当地侨胞和家乡作出更多贡献。

2022年7月初，关家澄作为驻美中华总会馆总董，致信南海区委书记顾耀辉，表达了对家乡的桑梓情谊和参与家乡建设的强烈愿望。顾耀辉第一时间复信回应关切。这两封信，促成了一场南海区海外招商推介会，在南海设主会场，同时在美国、加拿大、澳大利亚、日本、新加坡，以及中国香港设分会场，并全球同步线上直播。

如果说在全球各地的同乡组织，承载了九江人的乡愁，成为与故土联系的纽带，那么来自家乡的专门刊物，则为海外九江人打开了又一扇窗口，建立了又一座桥梁。这也是侨乡一种独特的现象。

早在一百年前的1924年，九江人就创办了《九江乡事周刊》，后来各种刊

2016年8月，旅澳乡亲曾志挥先生、曾佐威先生带领澳门（南海、西樵、九江）同乡会到上东敬老院开展敬老活动（九江宣办供图）

物陆续出现。1986年底，在旅港九江商会、旅港九江同乡会的大力倡议下，全球九江乡亲积极响应募资，创办每年两期的《九江侨刊》，该刊现已成为许多海外九江人翘首以盼的“家书”。

近40年过去，有的侨胞家里还珍藏着《九江侨刊》从创刊号至今的每一期，因为这是乡愁的见证。每当有华侨回到九江，他们总会到九江镇侨联拜访，同时来到侨刊编辑部，或捐赠出版资金，或留下邮寄地址。

“纸短情长，一本杂志上的内容其实很少。家乡的变化很大，讲也讲不完。”关凤仪说，很多九江人都希望更多海外乡亲带上下一代，经常回家看看。“当然，九江人也还会继续走出去，闯世界的精神永远都在。”

下

有一种爱，跨越山海

94岁的吴碧没有接话。

当被问到怎么还不去配助听器时，他只是笑了笑。一旁的保姆给出了答案：“他觉得一副助听器要2万多元，太贵了……”

而在此之前，吴碧主动向南海区第九人民医院捐赠了100万元。

对吴碧来说，为家乡人尽一份力，远比自己的需求更重要。在香港打拼大半辈子，他始终惦记家乡发展，并以父亲名字创立了吴星可慈善基金，多年来为九江捐资超4000万元，留下无数慈善印记。

在九江，来自全球侨胞的力量远比外界想象的更为磅礴。数百年来，一代代九江人沿着江河从家乡出发，散布到世界各地。无论他们身在何方，始终心系桑梓，在家乡需要时主动挺身，力撑家乡发展，让见贤思齐、崇德向善的精神代代相传。

因为有他们，九江不仅是全国有名的侨乡，也堪称一个典型的“贤能之乡”。

一家镇街医院的全球捐赠网

【“人家对我们这么好，如果我们不把事情做好，对得起他们吗？”】

心系家乡，是九江人的一种本能。

九江人不一定了解吴碧本人，但是对他父亲的名字一定不陌生。在南海区第九人民医院（下称“九江医院”）住院部外墙上，“吴星可慈善基金大楼”这个名字十分醒目。这栋2014年启用的大楼，有600多万元建设资金来自吴碧的捐赠。

九江医院院长冯威有时会在医院走廊上碰到吴碧。近年，年事已高的吴碧选择回到家乡定居，并定期到九江医院疗养。在这个过程中，只要了解到医院发展有哪些需求，他都会慷慨解囊，这已经成为他半个多世纪以来的一种习惯。

1956年，26岁的吴碧移居香港，创办了鸿联调味制品有限公司，通过努力打拼，吴碧很快创造了自己的一片天地。事业有成的他始终不忘回报家乡，早在20世纪60年代，他就向九江捐赠了4辆大货车，开启了自己漫长的慈善生涯。

2001年，吴碧以其父亲的名字创立吴星可慈善基金会，以“扶贫助学、行善济世”为宗旨，多年来对九江镇内医疗机构的硬件提升、公益项目等捐赠累计超过1300万元。

对于九江医院的发展，吴碧从不吝啬。有一次，他在日常治疗中发现，有一组特殊仪器是九江医院所没有的，患者要转到市级甚至省级医院才能完成治疗。随后，他赠400万元用于相关设备购置，并在两个月内亲自与设备商进行了十余次洽谈，让九江群众在家门口就能享受到优质医疗服务。

在九江，像吴碧这样的热心乡亲不在少数。改革开放以来，九江医院经历了五次重大升级改造，每次升级都离不开乡亲的支持推动。20世纪80年代，由香港南海九江商会、旅港南海九江同乡会以及潘新安牵头，率先捐资改造简陋旧蚕房医舍，建成首座医务大楼；随后，潘溢佳纪念大楼落成；20世纪90年代，曾植桂堂慈善基金大楼落成。

进入新世纪，港澳乡亲与家乡联系更加紧密，加上本土乡亲的参与，九江医院的发展也得到进一步加速。2011年，新建业门诊大楼剪彩；2014年，吴星可慈善基金大楼拔地而起；2020年以来，曾植桂堂慈善基金大楼拆旧建新竣工，黄韶英大楼筑就，旅港南海九江同乡会综合大楼揭幕，关杰初伉俪捐资完善医学影像科，吴星可慈善基金会捐资设立血液透析中心……

冯威刚到九江医院时就惊讶地发现，这里几乎每栋大楼都得到热心乡亲、企业的冠名捐助；在大楼内，许多科室、设备也有冠名或专门牌匾，写着旅港南海商会、香港云泉仙馆、澳门九江同乡会等名字，这在佛山众多医院中绝无仅有。

除了推动医院硬件升级，乡亲们还赞助了一个个公益医疗专项，惠及广大群众。本土企业家岑六安成立的立安基金在2020年为医院捐赠一台DR（Digital Radiography，数字化射线成像）仪器后，近年先后捐资120万元启动健步行动等公益项目，资助镇内60岁以上关节炎患者开展关节镜微创诊疗。吴星可慈善

九江医院几乎每栋大楼都得到热心乡亲、企业的冠名捐助，在佛山众多医院中绝无仅有（九江医院供图）

基金捐资20万元设立了“常灸安康”热敏灸公益医疗服务项目，成为南海首个针对热敏灸服务的慈善项目。

据统计，2021年九江镇仁爱医疗发展基金成立以来，在热心乡杰的捐助下，已启动实施公益医疗项目11个，资助近10 000人次。

这份厚重的捐助名单，不只让医疗系统受益，推动九江医院成为全省接受捐赠最多的医院之一，更在九江的各个角落、各个领域留下了行善印记：新建业集团资助九江成立国内首家龙舟俱乐部，曾家阜为纪念母亲而捐建慈母桥，潘新安为九江建设了两所小学和一所幼儿园，关林年捐建南方敬老院，吴家大院后人将整个大院托管给政府公益开放……在九江，乡杰们的乐善精神广受传颂。

“人家对我们这么好，如果我们不把事情做好，对得起他们吗？”冯威并不是九江人，但是在乡亲们身上，他看到了九江人与众不同的团结，这也成为鼓舞他和同事们把医疗事业做好的一份精神力量。

哪里有九江人，哪里就有乐善精神

【万善堂、万安善院留给九江的远不止慈善精神，它是海内外九江人凝聚力的象征，是根植本土文化、众人参与的基层良治探索。】

九江生生不息的乐善精神，有其独特的历史源流。

万安路21号，万安善院已经在这里伫立了140多年。老志材已经不记得，有多少次站在万安善院门口的六座雕像前，讲述这些先贤们的故事了。

“我经常跟那些小孩说，如果没有万安善院，可能你爷爷奶奶那一代人早都饿死了，也没有你们了。”老志材是九江沙头人，曾经做过老师，开过企业，退休后花了很多精力研究沙头历史，在乡里小有名气。每当有学校组织学生参观，或旅外同胞回乡考察，他总要到这里担当义务讲解员。

清末民初，九江沙头人多外出经商，催生了一批殷商巨富，他们中有一批人决定将“兼济天下”的理想付诸行动。1883年，李溉之、李善池、邓帝保、卢洪舫、崔子刚等五名乡杰发动海外及粤港澳热心家乡慈善事业的同胞，共同投资兴建了“万安医院”，这成为南海第一所国人自己创办的医院。

1908年，万安医院经扩建修缮，改名为万安善院，除了行医济世，还大办公益事业，涵盖了社会劝化及施粥派衣、施棺代葬等各方面的社会救济，逐渐成为沙头规模最大、影响最广的善堂，成为民间发起，独立于国家救济体系的另一套救济方案。

在沙头，关于万安善院的故事有很多，其中最具代表性的是1914—1915年，北江大堤发生决堤，淹没了大片田地，沙头成为一片沼泽。当时的广东省政府派船运送救灾物资到沙头，却惊奇地发现，万安善院等慈善团体和当地乡杰已经先一步发起募捐和救济活动，帮助灾民渡过难关。

可以确定的是，一百多年前行善之风就在九江广为流行，除了沙头的万安善院，九江堡还设有东方仁济善堂、西方最乐善社、南方从风草堂、北方和济善堂及九江圩的博爱堂和万善宣等六大善堂，当中大部分都由侨居港澳和海外的乡杰发起成立，成为联结全球九江人的纽带。

出外谋生的人有很多，为什么九江人的乡情格外浓厚？追根溯源，这与海外九江人的互帮互助密不可分。

异国他乡，举目无亲，九江侨民形成了守望相助的传统。在世界动荡不安的1916年，身在旧金山的九江人发起成立了自己的组织——南海九江侨商会，主要职能是帮新来的九江人找地方落脚，资助老年人返回家乡。

以侨胞之间的守望相助作为精神原点，九江人在世界各地结社组团，融入当地社会，同时进一步弘扬慈善精神，造福当地。

1911年，旅港南海九江商会成立，其后创办了香港九江商会学校；在古巴，九江人主导了当地华人商会发展，在1928年兴建了古巴九江侨商公医院，该医院成为当地唯一的华侨医院；1951年，美国旧金山九江侨领筹集资金买下一栋大楼，将九江侨商会重新改组为“九江慈善公会”，把九江的乐善精神传播到北美。

在海外建树颇多的九江人，更心系故乡。《九江镇志》记载，抗日战争胜利后，旅美国、古巴、墨西哥、萨尔瓦多、尼加拉瓜、危地马拉、越南、马来西亚、星洲（新加坡）、北婆罗洲（今马来西亚沙巴州）、菲律宾、大溪地

（塔希提岛）等国家和地区的乡侨及港澳乡人纷纷捐资回乡赈灾；1961年，九江慈善会发起召开第一次“旅美九江乡人恳亲大会”，全美各地均有代表参加，盛况空前。

每当有家乡人到国外、港澳，当地的九江人都会给予很有力的支持。九江龙舟队从20世纪80年代以来就不断到海内外参赛。总教练区俭安还记得，20世纪80年代他们到澳门参赛时，当地九江乡亲们热情送来物资的感人场景。

这样的历史值得铭记，更值得传承。

2022年12月，九江启动万安善院修缮计划，仅用四个月就完成了募资到修缮的全过程。老志材在得知万安善院重修的消息后，第一时间进行了捐资，同时发动身边的叔伯兄弟共同参与。在他看来，“万安善院不仅是慈善精神的代表，更是沙头凝聚力的体现。”

2024年7月，九江又面向社会公开募捐，启动对九江医院旧址万善堂的修缮提升工作，并对原建筑废旧构件进行修缮、优化布局，改造为多功能历史文

2024年九江万善堂启动修缮工作（九江宣办供图）

化、慈善文化展示场所。

对于九江人而言，万善堂、万安善院留给九江的远不止慈善精神，它是海内外九江人凝聚力的象征，是根植本土文化、众人参与的基层良治探索，其文化和历史价值具有超越时代的文化意义。

九江侨乡，贤达们由乡而侨，又由侨而乡。不管在世界上的哪里，只要有九江人，就有九江乡亲的乐善精神。

乐善之城创造大爱奇迹

【他们的桑梓情怀，不仅体现在慈善捐赠，更体现在对家乡产业的扶持。正如经济学家薛兆丰提出的一个观点：“商业才是最大的慈善。”】

一代代的九江乡杰，从未让这个江畔小城失望。

就像过去几百年延续下来的那样，乡杰群体的涌现成为九江的精神特质，其带来的乐善精神更成了一笔宝贵的文化财富，代代相传。

曾家阜历任旅港南海九江商会董事，始终关心家乡文教公益事业建设，改革开放后连年慨捐巨资襄助兴建下北小学、幼儿园、儒林中学、九江镇初级和高级中学、九江医院和桥梁道路等，先后获南海市（今佛山市南海区）、佛山市荣誉市民称号。

虽然父亲曾家阜已经不在，但曾榆安继承了父亲的遗志，自1996年以来，曾榆安家族支持家乡的公益事业，捐资建设学校、医院、交通设施等，金额累计超过7000万港元。

授人以鱼重要，授人以渔同样重要。如果说老一代乡杰表达情感的方式主要是捐资捐物，那么随着九江产业环境的变化，新一代的年轻人已经有了更丰富的方式。

他们的桑梓情怀，不仅体现在慈善捐赠，更体现在对家乡产业的扶持。正如经济学家薛兆丰提出的一个观点：“商业才是最大的慈善。”

早在清光绪初年，就有旅外的九江人返乡投资兴业，涉足工业、交通、金融等各个领域。新中国成立后，旅外九江人委托其眷属和归侨继续参与九江经济发展，如1953年归侨、侨眷合资开办九江戏院，1956年归侨、侨眷投资14.3万元开办南海华侨纸厂。

改革开放后，旅外九江人返乡投资迎来一个新的高潮。1978年，旅港乡人陈煊邦在显岗大队以来料加工业务方式办锁厂。随后，九江通过旅港乡人的“穿针引线”，办起一批新的企业。在此推动下，1984年九江与外商、港商签订来料加工合作经营合同141个，总值达1.017 7亿港元，创汇2905万港元。到1988年，创汇额就达到1.14亿港元，引领了九江一轮发展热潮。

时代在变，但九江人支持家乡发展的赤子之心从未改变。如今在九江卖鱼桥边，一家名为“侍茶令”的冷泡茶饮店，因为装饰风格独具特色而吸引路人的目光。

这家店的负责人曾比铿，正是有着“澳门茶王”之称的曾志挥的孙子。改革开放后曾志挥牵头成立了澳门南海同乡会，并经常以此为纽带往来于澳门、九江之间，发动澳门乡亲为九江捐款捐物。如今，曾比铿不但继承了曾志挥对家乡的情意，更希望在九江创造一份新的事业。

九江乡亲们，还把大爱的种子播撒得更远。

2003年，九江企业家岑钊雄与夫人李一萍发起成立了广东省时代公益基金会。20年来，除了惠及九江本土，在全国各地累计捐助款项近20亿元。

在九江之外，吴星可慈善基金大爱的足迹还遍布全国其他地方。从贵州到甘肃，从江西到陕西，从四川到湖南，许多学校、医院都留下了吴碧的足迹。

数百年厚植的“乡杰森林”，让乐善精神在九江大地生生不息，涵养了乡风乡情，带动了人人行善、人人乐善的社会风气。

近年来，由九江慈善会与热心乡杰共同发起的“一元爱心捐”活动得到了全体九江人广泛参与。截至2024年7月19日，活动累计参与人次达1312万，募集资金达3176.63万元，创造了“小城大爱”的奇迹。

从一群人到一座城，在乡杰的带动下，九江的慈善文化枝繁叶茂，九江的变化有目共睹。

这样的乡杰，会让九江人记得他们的名字。

这样的九江，才真正算得上世界的九江。

人物口述

讲一个故事，传一种精神

看着面前一张张求知若渴的脸庞，老志材更加滔滔不绝。他知道，九江沙头万安善院的传奇，已经在这群学生们心中播下了一颗乐善的种子。

140多年前，在世界各地的九江沙头人的支持下，万安善院的前身万安医院创立。在动荡不安、灾荒频发的年代，万安善院成为沙头和周边地区的重要慈善组织，也成为整个九江侨文化、慈善文化的典型。

十多年前，退休在家的老志材在机缘巧合下，参与了九江镇关工委的工作，成为万安善院的一名志愿讲解员。这些年，老志材无数次回到万安善院，讲述他心目中的乐善传承：

一间善院的传奇诞生

每次到万安善院，我都有一种特别的亲切感。这不仅是由于万安善院在历史上的重要性，也跟我的亲身经历有关。

老一辈沙头人都知道万安善院。我在1947年出生，当时的医疗条件不如现在好。我的四个弟弟妹妹都是由沙头非常有名的“西医大姑”谭保康上门接生的。小时候，家人还经常带我去找她看病。这件事跟万安善院有什么关系呢？这位“西医大姑”正是万安善院曾经一段时期的主要参与者之一。

但我真正深入了解万安善院的历史，是在很多年以后。退休后，我除了带孙子，就一直在九江老年大学沙头分校学习，接触到九江镇关心下一代工作委员会。2013年前后，关工委筹划向中小学生们宣讲万安善院等沙头的重要历史，因为我以前做过老师，平时也对历史很有兴趣，所以关工委的负责人邀请我担任讲解员。

从那时起，我就开始花很多时间精力研究沙头历史，尤其是万安善院等展现海内外沙头人乐善精神的历史。为了更好地讲解，我有自己的笔记本，做了很多笔记，反复打磨修改讲解词。每到重大节庆，中小学组织参观，或者有港澳同胞和海外侨胞回到沙头，常常都是我来做万安善院的讲解。万安善院的典故就一直刻在我的骨子里。

1883年，沙头李溉之、李善池、邓帝保、卢洪舫、崔子刚等几位乡杰发动海外及粤港澳热心家乡慈善事业的人士投资兴建了万安医院，该院还挂了广东医学求益社沙头分社的牌子。1908年前后，为扩大社会效益，组织者决定在原址集资扩建万安医院并更名为“万安善院”。万安善院建立后，除行医济世之外，还大办公益事业，其积储之厚、捐输之广、施济之宏，在沙头可谓前所未有。

尤其是在1914年、1915年连续两年大洪水、瘟疫期间，万安善院积极从海内外募资购买粮食、药品、衣服等，在沙头圩上对全体受灾百姓发放。这些故事需要被铭记。

万安善院的参与者们，在后来的历史长河中始终没有忘记他们最初的情怀。例如“西医大姑”在接生时遇到有穷苦人家不愿意养的小孩，还会收养他们，抚养他们长大并且教授医术。我与她的一个孙子是小学同学，所以对她了解得比一般外人更多。

由于历史变迁，万安善院没能一直延续，但是他们的事业永远值得我们感怀。

一种精神何以代代相传

一叶知秋，一贤知乡。

当我研究万安善院、讲解万安善院的时候，我想到的不仅是这一家善院，而是整个沙头乃至九江的侨文化、乡土文化。2023年万安善院修缮完成，作为九江慈善公益综合服务阵地再次启用时，我还专门想了一副对联——万安重光沙头旺，善院积德乡镇兴。

为什么一百多年前，慈善精神就在九江、沙头落地生根？这要从清末民初讲起。因为水路发达，当时很多沙头人外出经商，近至港澳，远至南洋及美国、加拿大，都有沙头人的足迹，每年乡人寄回来的金钱，以数百万元计。商业发达，催生了一批殷商巨富，他们当中有一批人决定将“兼济天下”的理想付诸行动。

有一个故事让人印象深刻，是当时很多人要到西樵去做买卖，但是路很难走。于是有一个姓李的乡杰就发愿道，如果自己发了财，一定要把从沙头通往西樵的路修好，让大家往来更方便。后来他真的生意成功，也兑现了诺言，修了一条两米宽的石头路，现在这条路还能找到遗迹。

一代一代的沙头人，路越走越宽。扶贫济困的精神与实践古已有之，但是开眼看世界的沙头人，把这件事做到了一个新的高度。

以万安善院为例，由于有很多海外侨胞的参与，他们见过当时国内外先进的组织运作方式，所以制定了一系列的规定加强对机构的监督与管理，如建立董事会制度，健全财政收支管理等。“善董”们不仅每年为善院捐钱，更发挥其经商才能，拿善院资产投资理财，使万安善院得以持续运营。

时至今日，沙头的乐善精神与实践依然代代相传。在我们家，大家都很乐意参与慈善工作，弟弟、妹妹们只要有需要，我们都会有钱出钱、有力出力，觉得做慈善是很有意义的事情。

在万安善院，我也经常会对来这里参观的孩子们说：“如果没有万安善院，可能你爷爷奶奶那一代人早都饿死了，也没有你们了，希望你们能把这份精神传承下去。”

不负每一位乡亲所托

在广东，得益于慈善捐赠，以人名命名的医院、学校或某幢大楼有很多，但是像南海区第九人民医院（下称“九江医院”）这样，几乎每一栋楼乃至楼里的许多科室都以人名命名的情况，却十分少见。

九江医院院长冯威曾经做过大致调研。在广东省内，还没有任何一家镇街医院有这样的捐赠规模。即便把全省所有医院放在一起，九江医院仍然可以名列前茅。改革开放以来，该院累计收到的捐款捐物折算金额超过1.2亿元。

这让来九江几年的冯威十分感动。冯威也经常与这些捐赠者打交道，被他们身上的人格魅力，尤其是对家乡念念不忘的情怀深深鼓舞。以下是他的讲述：

亿元捐款，从何而来？

一个人的生命中总会有一些重大转折点，对其看世界的态度、做事情的方法产生很重要的影响。对于我来说，九江医院就是这样一个转折点。

我是四年前到九江医院工作的。在那之前，我对九江的侨文化、慈善文化偶有听闻，但了解不算多。来到这里，了解这里的故事，跟医院的同事们、九江的乡亲们接触之后，我更加感到了肩上的责任重大。

九江医院的渊源可以上溯到清末民初。在一批热心乡杰的支持下，九江乐善好施的风气日盛，当时的九江堡共设有东方仁济善堂、西方最乐善社、南方从风草堂、北方和济善堂及九江圩的博爱堂和万善堂等六大善堂。其中，万善堂位于儒林社区柏园横巷，由旅港殷商岑伯铭创办于1898年，也是九江唯一留下来的清代善堂。

1952年，九江医院的前身南海县（今佛山市南海区）第五区卫生所成立。1956年，九江医院正式在万善堂旧址挂牌成立。虽然后来院址几经变迁，但是九江医院与九江侨胞、乡亲的血脉联系始终延续着。特别是改革开放以后，境外侨胞为九江医院的发展出钱出力，累计捐款捐物折算金额超过1.2亿元。由于部分资金捐赠时间较早、币种较多，无法计算具体汇率，所以这里仅以当时捐款账面金额计算。

比如在1988年，旅港乡杰潘新安先生捐资港币70万元，为九江卫生院兴建了作为门诊用的“潘溢佳纪念楼”，楼高三层，建筑面积2700多平方米；1993年，旅港乡杰曾家阜先生捐资港币300万元，兴建八层的“曾植桂堂慈善基金大楼”，建筑面积达4000平方米。

我经常说，九江人很幸福，因为有这么多乡亲积极捐资给家乡的医院，而且还资助了一批健康项目，乡亲们看许多病可以少花钱甚至不花钱。仅最近三年，我们就设立了10个公益健康项目基金，累计捐赠额超500万元。

看到这样的“捐赠榜”，或许有人会想，九江医院是不是在募款方面有什么独门秘方，不然怎么能吸引到这么多捐赠？但是我要说，九江医院接受的绝大部分捐赠，都是九江的侨胞、乡亲们先主动明确表达捐赠意愿，然后我们才在相互尊重的基础上接受捐赠。

这样的一家医院，及其背后的捐赠者群体，我认为在广东省内也极为罕见。来九江这几年，我感受到了家的温暖。能在这样一家医院工作，是我非常宝贵的人生经验。

乐善精神，如何相传？

令我最受震撼的，是每一位热心侨胞、乡杰的人格魅力。

有的乡亲几乎三天两头到医院来，不是因为要看病，而是去各个科室看看有什么需要更换、添置的东西，然后就主动提出要资助；有的乡亲了解到哪个科室需要人才，也会利用自己的人脉资源帮忙引进；有的乡亲看到我们有慈善健康公益项目，就主动提出也要设立这样的项目……

除了接受捐赠本身，他们几乎不会再对医院提出任何要求。例如旅港乡亲吴碧，通过以其父亲命名的吴星可慈善基金，对九江医院的捐赠已经持续几十年，但是就连到医院就诊也从来不跟院领导打招呼，都是自己低调地来去。我经常会给他打电话问候身体情况，他有时也会打电话给我分享自己生活中的事情。他犹豫了很久也不舍得给自己买一副助听器，但是给医院捐款却从不犹豫。

一代人有一代人的长征，一代人有一代人的情怀。

九江医院见证了许多“子承父善”的故事。在1993年捐建曾植桂堂慈善基金大楼后，曾家阜的家族对九江医院的捐赠一直持续。如今，其子曾榆安承接父亲的善举，从医院改造二期工程建设开始，每年都捐出善款用于医院的设备更新和硬件建设。几十年来，父子两代累计向医院资助超2800万元。

他们的乐善精神会传承到下一代，也传递到了我们每一位医护的身上。对于每一位对九江医院发展作出贡献的乡亲，我们都不会忘记他们的名字。

例如潘新安捐赠的潘溢佳纪念楼，后来虽然经过改建，但是我们仍然同时保留了旧的冠名。我们不仅在相关大楼、科室、设备的醒目位置写上捐赠者的名字，而且还在医院门口专门建立了一座“感恩亭”，所有捐款100元以上的名字都记录在那里。对于有特殊贡献的乡亲，我们还专门授予了荣誉院长称号。我们还在医院提倡感恩文化，长期举行感恩大讲堂，用乡杰们的精神来激励全体医护人员。

九江的乡亲影响了我、感动了我。我经常跟身边的朋友讲，工作要以他们作为自己的榜样。他们捐钱捐物是做善事，我们以医术、医德为乡亲们服务，也是做善事。我们的目标，就是尽最大可能，让乡亲们的健康问题在家门口得到解决，这样才不负所托。

SITC
SITC
SITC
MAERSK
MAERSK
T.S. LINES
T.S. LINES
CMA CGM

第九篇

产

上

小镇大业

从九江沙头的沙涌综合楼出发，经过铂思广场，抵达林氏家居总部，这一段8.5公里的路，步行需要2小时，开车不过20分钟，林佐义却“走”了17年。

2008年，林佐义租下沙涌综合楼1000平方米的办公楼，开启了近二十年来佛山最令人惊奇的创业。

就像大海总是在最平静的地方掀起波涛，历史也总在不经意间创造奇迹。而九江，向来是一个善于创造奇迹的地方。

这个位于西江与北江之间，总面积仅95.25平方公里的小镇，是全国最大的米香型白酒产出地，向全国供应着最好的鱼种。

也是这个小镇，诞生了全国第一条牛仔裤、第一家生产纤维假发头套的企业，被业内誉为“制罐王国”“皮衣、服装之都”“中国床垫第一镇”。

小镇，大业。这是九江的不凡之处。

从林氏家居说起

【佛山近二十年来最成功的创业故事之一诞生在九江。九江成就了林佐义的雄心壮志，也完全有能力成全更多新的创业者。】

林氏家居创始人林佐义，近来已经很少出现在公开场合。但他在九江创造的传奇，至今为人津津乐道，被视为近二十年来佛山最成功的创业故事之一。

这位白手起家创下百亿元家业的“85后”，在林氏家居步入正轨后，逐步转入幕后，将日常经营管理交给专业的人。

对于林佐义来说，选择在南海九江创业、立业，是机缘巧合，更是精心谋划。

那是2007年前后，正值中国互联网飞速发展期，电子商务成为最受资本关注的互联网细分市场。

也是在这一年，背靠中国最大的家具生产基地，林佐义依靠“家具城拍照片—上传网店—消费者购买—从厂家发货”的传统网店模式，创立了中国首个互联网家具品牌——林氏木业（后更名为“林氏家居”），并在当年下半年销售额突破500万元，成为淘宝家具销售的TOP1。

近年九江家具产业崛起了林氏家居等一批龙头企业（受访企业供图）

在完成最初的原始积累后，林佐义开始物色新的落点，准备大干一场。九江沙头，成为他多方考察之后的最终选择。

如果说乐从是让林佐义接触家具行业的“敲门砖”，那九江则提供了让林氏蓬勃发展的沃土。

对于家具这类“耐消品”来说，要走电商模式，仓储和物流是必须解决的首要难题。九江，在这一方面得天独厚。

在这里，华南最大的江河大动脉西江和北江环镇而过，是佛山最大的内河港区。在过去的数百年间，九江人、九江酒，就是沿着这两条大动脉通江达海，闯荡世界。

直到如今，奔腾的西江、北江，依然是九江最大的依仗——目前，九江共拥有5个商业码头，其中包括两个5000吨级码头，南鲲码头和中外运（南丰）码头，可直航国内沿海各港，通过南沙和香港，与全世界的港口相连。

优质港口，与广东物资、广东欧浦、广佛壹号等多个重点物流项目配套，九江手握一张覆盖全国、通达全球的物流网络。通过这张网，九江家具产业蓬勃发展。

佛山“九龙乐（九江、龙江、乐从）家具产业协作链”，一直是佛山乃至全国家具制造的核心生产区。在这条链上，乐从重销，九江重产。

作为南海制造业起步最早的老牌工业镇，九江拥有超过1500家家具类企业。每年，数以百亿件的九江家具通过当地庞大的港口、物流网络，走向全球。

九江成就了林佐义的雄心壮志，也完全有能力成全更多新的创业者。

总有新传奇

【从始于明朝的鱼花，到兴于清末的酿酒，再到改革开放后的制衣、制罐、特种车辆、家具、医卫用无纺布……九江人总能立足自身发展优势，在一拨拨产业浪潮中找准发力点，在历史的书页上留下“九江制造”之名。】

小镇，大业。谢伟明有时候也会想，这两个颇有反差感的词语，是怎么凑到一起的？

谢伟明是生于斯长于斯的九江人，1969年出生于河清村，是九江最早的一批家具企业创业人，也是南海区家具行业协会执行会长。

从小，他就听着九江鱼、九江酒的故事长大。

九江是典型的岭南水乡，95.25平方公里的面积里，水域就占了超40平方公里。与江河为伴，九江人早在500年前，就已发展出成熟的鱼花产业体系，并在长期的生产实践中，总结出一套独特的鱼花生产技术。

2011年，九江被认定为“中国淡水鱼苗之乡”。11年后，九江鱼花生产习俗入选广东省非遗名录。如今，每年都有超过1500亿尾鱼苗，从九江“游”向全国。其中，加州鲈种苗孵化的培育量，约占全国六成。

九江人用500多年的传承与创新，讲出了一个闻名全国的“千亿鱼花”故事。又用200多年的时间，让世界记住了“九江酒，故乡水”的味道——在过去200多年的岁月里，九江酒以独特的曲种、工艺、地理气候环境，酿造出区别于其他酒品不同的滋味，并沿着西江、北江，跟随九江人闯荡世界的脚步，遍布全球。

每年都有超过1500亿尾鱼苗，从九江“游”向全国（曾昭弘　摄）

一直到2000年以前，“九江双蒸”一直都是中国白酒品类的出口冠军。目前，九江仍然是中国最大的米香型白酒生产地。

长大后，谢伟明又亲眼见证这片土地上发生的奇迹：在他10岁那年，九江上东大队与香港灯屋服装公司签下了南海第一份制衣业“三来一补”的合同，九江成为佛山最早推动外资经济、民营经济发展的镇。

4年后，九江服装社引进国外先进技术，开办了国内第一个石磨蓝洗水车间，使石磨蓝牛仔类服装首先在九江镇内成为最终产品，诞生了全国第一条牛仔裤。

此后，制衣、服装企业在九江遍地开花。《九江镇志》记载：“1992年，是镇内服装制造业发展鼎盛期，制衣厂达272家”“1993年，镇内皮衣厂增至70家”。九江也因此被称为“皮衣、服装之都”。

谢伟明的妈妈，曾经是九江庞大制衣业的一员。“开了一家服装厂，从九江制衣厂接单回来加工。”谢伟明说，九江制衣企业多且精，果皇、阿波罗、KK等，都是当时国内响当当的牌子。直到现在，九江皮衣仍然为国际一线奢侈品大牌代工。

他也“听着”大谷兰昌村如何一步步富起来。在1980年前后，兰昌生产队把村里的一间旧猪舍，改建成简陋的制罐厂，又到镇上借了一台旧冲床、向信用社借了3000元。就这样，世世代代耕田种桑的兰昌人，办起了兰昌村第一家工厂——兰昌制罐厂。

之后数年，兰昌制罐凭借着过硬的质量，在市场上崭露头角，家业如滚雪球一般，越滚越大，全队收入水平一天天地提高。至1987年，兰昌制罐厂成为广东规模最大的制罐企业，且产品质量执行标准获国家轻工业部批准，被誉为“制罐王国”。

第一家生产纤维假发头套的企业，“世界第二、亚洲第一”大的道路清障车生产企业……在那个物资匮乏，却涌动着勃勃生机的年代，九江陆续诞生了一批享誉全国的产业与企业。

于是人们发现，在有章可循的历史中，从始于明朝的鱼花，到兴于清末的酿酒，再到改革开放后的制衣、制罐、特种车辆、家具、医卫用无纺布……九江人总能立足自身发展优势，在一拨拨产业浪潮中找准发力点，在历史的书页上留下“九江制造”之名。

互为加法的九江商道

【九江人懂得“和”的重要。千百年来，一代代九江人前仆后继，建造、改变了桑园围，守护了家园，也塑造了九江人守望相助、并肩向前的区域性格。他们清楚地知道，唯有拧成一股绳，才有人定胜天的可能。】

商海里打拼了38年后，谢伟明感觉自己找到了“九江奇迹”的答案：天时、地利、人和。

天时不必说，每一轮九江的产业大发展背后，都是一轮全国乃至全球的格局之变。久远如九江鱼花，兴旺于明弘治十四年（1501年），获皇诏，承西江两岸鱼埠捕捞鱼花，从而取得垄断地位。近如服装、制罐、家具等产业，借改革开放、产业转移的东风，扶摇而上。

地利亦是老生常谈，往南向海的西江、北江，成就了水运时代九江呼风唤雨的历史地位，往来商贾云集，商业氛围浓厚，九江人的商业触觉也被磨炼得异常敏锐。当机会来临，敏锐的九江人往往不会错过。

更难得的是人和。没有谁能比九江人更懂得“和”的重要。

奔腾千里的西江、北江，是九江的地利，也是九江的“天险”。在南方的暴雨里，不断上涨的水位，为这个地处江边的小城镇带来巨大的考验。

千百年来，一代代九江人前仆后继，建造、改变了桑园围，守护了家园，也塑造了九江人守望相助、并肩向前的区域性格。他们清楚地知道，唯有拧成一股绳，才有人定胜天的可能。

所以九江人包容、热情、感恩。“不论你从哪里来，到了九江，就是自己人。”谢伟明觉得，这点在生意场上表现得尤为明显：你生意做得好，九江人不眼红，反而会感谢你带来更多的机会，寻找合作的可能，而非同行相争。

互为对方做加法，这就是九江人行的“商道”，也是九江产业做大的关键。这一点，林氏家居副总裁崔泽文深有感触。

在落地九江之后，林氏与九江家具生产企业以合作供应商的模式开展合作，既保证了品质，又降低了成本，为林氏带来巨大的发展优势。

民间如此，官方亦如此。林氏起步初期，以租赁物业办公为主，几乎没有固定资产，可以摆上台面的地方贡献度有限。但鉴于林氏对原有家具企业的拉动作用，以及对互联网产业长远发展的看好，九江政府主动为林氏进行帮扶指导、匹配资源，尤其在最宝贵的资源——土地供应上更是全力支持，帮助其做大做强。

如今，林氏家居各品牌线下门店数量突破1500家，营收近百亿元，成为家具行业最大的一匹黑马。

类似林氏家居的故事，在九江还有许多。2008年来到九江，在一家户外家具厂从开发员工一路做到开发主管的河南人王春虎，这16年来就眼见着九江户外家具企业从一开始的“没几家”，到如今“光附近我知道的就有十几家”，而且规模越做越大。

家在广州，美国留学归来后就被九江创二代师兄“挖来”九江的谭俊，也见证了九江的发展，更看好九江的未来。

在他看来，九江地处南海最南边，在空间上看位置较偏，但西北两江环抱而过，倚江而建的九江，优势明显、环境宜居、可塑性强。更难能可贵的是，这里没有过度开发，“就像广州的南沙，只要做好长远规划，再给一些时间，这里空间无限。”

王春虎没有想那么多。他只是在日复一日的工作与生活中，越发喜欢这座南国小镇。于是几年前，他把妻子接了过来。

这个暑假，他又和爱人商量着，想把老母亲和孩子也从老家接来。他说：“如果能在这里养老，也很不错。”

下 新业新途

“砰砰砰、锵锵锵……”走进九江临港国际产业社区，各种建筑器械和厂房生产设备的轰鸣声交错传来，仿佛在夏日里奏响最热情灿烂的进行曲。

这是制造业的声音，这是信心的声音。

九江临港国际产业社区，是南海西部最大的连片产业集聚区。这片土地，承载着九江人土地空间再造、产业转型升级的梦想。

如今，这里很可能已经是南海项目最密集、塔吊最多的片区之一，同时也是观察九江产业走向最好的窗口。

在这里，昔日落后的业态连同粗放的用地模式，在热火朝天的施工中化为尘埃，数千亩连片产业空间大腾挪，高端医卫用、先进装备制造、新材料等高新产业渐次“绽放”。

从这个产业社区到整个九江，“破与立”的故事正在继续。

烟南的故事

【知名学者塔勒布认为，历史本质上是由一系列重大不确定性事件驱动的结果。而在九江镇烟南村党委书记吴国宏看来，几十年来烟南的发展轨迹，主要是被三件事改变。】

原本的烟南，只是九江西部一个纯农业村，这里河网密布，水产养殖是村民主要的生计。时间来到了1996年，龙高公路全线开通，这项交通工程不仅大大缩短了高明到广佛核心区的时间，也促使沿线的烟南正式开启工业化进程。

在“马路经济”带动下，村里有了第一片工业区，聚集起一批小五金和家具企业，土地价值随之快速上涨。吴国宏回忆说，龙高公路开通前，卖地价格大概是两三万元一亩，到2000年初已经涨到七八万元一亩。

镇域经济是佛山经济发展的主战场。烟南的产业升级，可以说是九江产业变迁的一个缩影。彼时的九江，经历了改革开放之初纺织服装、金属制品业兴起，20世纪90年代汽配产业集聚，以及2000年初家具产业大规模发展，产业门类日渐多元化。

与此同时，得益于西、北江黄金水道环抱，九江拥有整个西江最开阔的水面，发展临港经济得天独厚。2006年，南鲲港选址九江镇镇南村西江边外滩立项，并在2009年开港。九江抢抓机遇，从南鲲码头周边镇南、烟南、河清三个村居租下数千亩集体用地，建设九江金属材料市场。

九江金属材料市场的到来，被吴国宏视为烟南的又一次发展大机遇。他还记得，在2006年，烟南村8个经济社一共外租了近1600亩集体用地用于建设九江金属材料市场，随着市场逐渐形成钢材贸易和加工、仓储等业态，越来越多村民当起了“包租婆”“包租公”，出租物业，运营商铺，日子过得越来越红火。

进入21世纪第二个十年，珠三角制造业转型升级浪潮涌动，九江也开始积极探索产业转型升级新空间。2015年，九江紧抓“珠江西岸先进装备制造业产业带”的政策机遇，重点发展新材料、智能装备制造等先进制造业集群；2018年开始，九江瞄准高端医卫用非织造制品、聚酯纤维等为代表的新材料产业，

2024年2月20日，九江迎来东丽投资的第四个项目——东丽树脂科技（佛山）有限公司一期项目（陈梦　摄）

借助日本东丽等优质项目引聚更多业内项目资源。

这一时期的九江金属材料市场，产业链低端导致效益不高的问题越发显现。九江镇政府有关部门在2017年前后进行过测算，整个金属材料市场的年税收不足1000万元，这意味着该片区的亩均年税收不到3000元。

顺应产业转型升级的势头，九江早在2014年就将九江金属材料市场重新定位为九江临港国际产业社区，以先进装备制造业为主导产业。到2020年，临港国际产业社区进一步聚焦五大高端产业集群定位，剑指高端医卫用、先进装备制造、新材料、绿色智能家居和大健康产业。

临港国际产业社区定位不断提升，是九江推动产业高质量发展的一次又一次创新与尝试。吴国宏知道，第三次发展机遇已经到来，为了全村的未来，必须紧紧抓住这个机会。

最难的攻坚

【这是一片新与旧激烈碰撞的土地，见证着九江上一代人的产业发展探索，承载着九江新一代人的产业发展重任，包含了九江面向未来破旧立新的坚定决心。】

“腾笼换鸟”从来就不是一件容易的事情。要在西江边打造出一片产业新天地，九江必须先啃下土地整理这块“硬骨头”。

从九江镇公有资产管理办土地开发部副主任，到佛山市南海江兴产业投资发展有限公司（下称“江兴公司”）总经理，几年来梁卫民深度参与了九江临港国际产业社区项目。对于这个项目土地权属的复杂程度，他深有体会：项目涉及3个村居24个集体经济组织，土地权属分界纵横交错，这为理清土地权属、平衡村民利益关系带来了不小的难度。

2018年，九江着手谋划，调研了解有关村居的改造意愿。到2019年，南海区获批复建设广东省城乡融合发展改革创新实验区，这为南海赢得了创新国土空间规划管理机制、创新土地管理机制等重要的政策支持，九江临港国际产业社区项目推进土地整理也因此迎来了利好。

借助南海各类奖励政策，九江临港国际产业社区采用“区镇联动、征租结合、连片开发”的开发模式，确定3807亩核心区征收约70%的集体建设用地，余下30%的集体建设土地由区、镇联动成立江兴公司进行统一运营管理，在发展的同时，充分保障村民近期和长远利益，由此增强村集体改造的动力和积极性。

针对土地权属分散的问题，梁卫民和同事积极与24个集体经济组织协商，确定新的土地所有权界线以规划道路为界“裁弯取直”，按份额比例共有的形式重新核发土地所有权证，把土地整合成四大片区，这样既保证了征租区域集中连片，也增强了土地整理的可控性。

从2020年初开始，九江开始推进临港国际产业社区拆迁工作，在这片占地3807亩的区域里，涉及约200宗地块和300户业主、租户，建筑面积约150万平方米。一开始，承租方反对声音较大，有的甚至不愿意参与谈判。九江临港国际产业社区项目面临新的挑战。

恰逢2021年，南海吹响全域土地综合整治的集结号，这为九江破局提供了有力的抓手。九江迅速成立临港国际产业社区拆除改造前线指挥部，由镇党委书记担任总指挥，并将拆迁区域划分为五个工作小组分片包干，直面业主、租户，提速开展补偿谈判工作，高效协调处理痛点难点问题。

这是一片新与旧激烈碰撞的土地，见证着九江上一代人的产业发展探索，承载着九江新一代人的产业发展重任，包含了九江面向未来破旧立新的坚定决心。

彼时，在九江城市更新办任职的杨鉴洪感受到了这一切。作为项目推动者之一，他像其他同事一样，带着满腔热情，将工作决心转化为行动实效。

奋战在征拆一线，让杨鉴洪意识到，只有换位思考才能理解业主、租户的诉求，进而形成共识。因此除了洽谈拆迁补偿，杨鉴洪和团队还会问需于企，主动靠前服务。

有一次，产业社区内一家食品加工厂临近搬迁还有一批包装，由于包装印刷了厂址无法变更，考虑到企业实际情况，杨鉴洪等人多方协调沟通，帮这家食品加工厂争取到搬迁宽限期，还帮助这家企业在九江找到了合适的新厂房。

就这样一个个难题用心化解，一个个项目逐一击破。截至2021年6月底，临港国际产业社区就已经基本完成3807亩土地整理工作；到2023年12月底，拆迁区域完成拆迁协议签订295宗，完成率接近98%。

这，也成为九江经济发展的一个缩影。在一次次攻坚中，九江大步向前，奋力向新。

拓出新天地

【以临港国际产业社区为代表，九江产业向新的故事仍在继续，充满希望，让人满怀期待。】

穿过九江临港国际产业社区的钢结构门楼，左侧不远处的厂房外墙上，“南铝建筑机器人”几个大字引人注目。厂房内，机器声轰鸣不止；产线上，工人们忙碌不停，昔日旧厂房满是先进装备制造的澎湃活力。

广东南铝建筑机器人科技有限公司（下称“南铝机器人”）于2021年12月在南海狮山注册成立，主要从事建筑用铝合金爬架生产和经营。由于业务发展迅速，南铝机器人副总经理罗文胜接到的第一个重任，就是要帮公司找地方建设生产基地和总部。

2022年9月，在集团公司的牵线下，南铝机器人管理层了解到九江临港国际产业社区正在招引先进装备制造等优质项目，第二天他们便连忙赶到九江实地考察，看到产业社区优越的交通区位、完善的产业配套，他们一下子就动了心。

让罗文胜印象深刻的是，九江镇政府招商团队既专业又热情，双方只用了一个多月就促成项目签约。接下来在多部门通力配合下，南铝机器人只用了约6个月完成公司搬迁、厂房改造和设备安装调试等工作，企业在2023年5月正式投产，同年实现约2亿元营收。

在推动产业向新的路上，九江人在临港国际产业社区跑起来了：2022年，美国联合矿产（广东）生产基地投产；2023年，安德里茨（佛山）智能制造有限公司开业并签约二期增资扩产；2024年，林氏家居产业集群智造基地开园……

从无到有，九江临港国际产业社区自启动至今已招引39个优质项目，涉及总投资194亿元，项目达产后预计年税收总额超10亿元。其中，已经有13个项目

2023年7月8日，安德里茨（佛山）智能制造有限公司开业（九江宣办供图）

投产，18个项目在建，2个项目在报建。

与时间赛跑，追高逐新，这是时代赋予九江人的新使命。新的发展阶段，九江人深知，唯有加快推动产业转型升级，才能为未来抢得先机，为发展赢得活力。面对时代的呼唤，九江人给出有力回应——着力打造现代水产、新材料及高端装备制造业、绿色时尚家具“1+2+1”现代产业体系。

树立远大目标，然后一步一步努力去实现，务实有为的九江人深谙此道。

从项目入手，他们为九江带来了东丽集团的四个投资项目，为新材料产业发展提供有力支撑；他们为九江引入了广东中联金新能源科技有限公司一期等项目，全力打造华南新能源材料供应链产业聚集地；最近，他们又顺利推动一家本土办公家具企业增资建设智能制造基地，助推传统家具产业向绿色时尚转型……

围绕九江临港国际产业社区，各方力量同样在一步一个脚印努力向前：

梁卫民和拍档忙着为产业社区招商，杨鉴洪和同事则负责新项目落地报建。接下来，九江镇政府还谋划为九江临港国际产业社区拓展新空间。

南铝机器人发布了全新研发的“空中造楼机”，罗文胜和同事要频繁到广州、深圳、东莞、厦门等地出差，为近期产品正式签单做好准备。

得益于临港国际产业社区的开发，烟南村的集体经济收入在2021年增长10%。吴国宏说，烟南村将成立村集体企业，接下来计划进行商业综合体或员工村开发，进一步发展壮大村集体经济。

…………

从临港国际产业社区眺望整个九江，产业向新的信心强劲，前景远大。

九江临港国际产业社区承载着九江人土地空间再造、产业转型升级的梦想（九江宣办供图）

人物口述

用制造拥抱世界

说起“九江产”，谢伟明滔滔不绝。从小，他就听着九江鱼、九江酒的“威水史”长大。长大后，他见证了九江家具、服装等一批影响全国的产业崛起，也成为九江第一批家具类民营企业家之一，现任南海区家具行业协会执行会长。

他是九江产业流变的见证者，也是局中人。以下是谢伟明的讲述：

穷则思变

我是九江河清人，1969年出生。那时候，河清在镇里是出了名的穷，当时有句话，叫“九江女不嫁河清”。

河清穷，是因为距离九江中心城区远，直线距离都有7公里左右。在那个出行主要依靠自行车的年代，从河清到九江中心城区单程都要骑上1个小时。到了下雨天，路上泥泞不堪，难以通行。

路通财通，反之亦然。交通便利与否，对地方的发展是决定性的，但是河清也有其他地方没有的优势：当时九江仅有的几家木器厂，都在河清四乡。我的父亲，就在九江木器厂里工作。

小时候，每到周六日，我就跟着父亲一起去工厂，看他们怎么做家具。耳濡目染之下，我对家具制造有了兴趣，也摸到点门道。

穷则思变。改革开放，带来了改变的契机。这是天时，也是地利：珠三角地区的商业思维本就启蒙得早，九江又是水运时代的重要枢纽，往南向海的西江、北江，自明清时期起，就为九江带来了庞大的人流、货物、信息与资本，成就了九江“小广州”

的美名，商业氛围浓厚。

在这样的环境熏陶下，九江人的思维开放、包容、灵活，容易接受新事物，并且能够迅速在其中找到赚钱的商机。

早在500年前，九江就已发展出成熟的鱼花产业体系，并在长期的生产实践中，总结出一套独特的鱼花生产技术。又如酿酒业，在清朝就已是有名的酒乡，“巷巷有酒坊，街街有酒店，人人论酒经”。

改革开放后，九江人迎来新的发展机遇，我父亲是其中之一。他本就勤快，又有一门做家具的手艺，就利用下班后的工余时间出去“炒更”（利用业余时间做另一份工作以增加收入），上门帮人做家具补贴家计，不说赚多少，起码家里日子好过很多。后来，九江制衣业如滚雪球一般发展壮大，被外界誉为“皮衣、服装之都”，我母亲也曾是这制衣大军中的一员。

所以我一直觉得，九江，是一个很适合做生意的地方。当我从广州技校毕业出来后，几乎没有考虑，就选择了创业。

走向世界的“九江造”

因为我在技校学的是室内设计专业，加上父亲的影响，我1987年首次创业选择的方向，就是室内装修。

那时候专业做家具的很少，尤其是办公家具。绝大部分都是包在室内装修里，就像现在家装里的木工，由业主买好板材到家里，木工师傅现场开料、现场制作。受限于施工空间、人手和业主购买的材料等，不仅效率低、工期长，质量也不稳定。

在做室内装修的过程中，我萌生了一个想法：把家具的生产制造从室内装修中剥离出来。于是在1994年，我回到了乡下，租了一间2000多平方米的蚕房，自己设计、采购、生产、销售家具。

当时的九江已经是闻名遐迩的“皮衣、服装之都”“制罐王国”，经济蓬勃发展，人们的生活水平较改革开放前有了明显提高，最直接的表现就是购买力增强，我们所生产的家具销售火爆，很快就有了扩大生产、规范发展的需求。

机会很快到来。1997年，乡里有土地出让，我买下了1万多平方米的土地，自建厂房、组建团队、规范管理，后来又引进了ISO 9000质量体系标准，企业管理水平、生产工艺、产品质量显著提升，在更大范围内打开了市场，也为日后走进海外市场打好了基础。

很快，九江家具又迎来一个历史节点：2001年，中国加入世界贸易组织，为中国制造打开了全球市场。这极大地激发了九江家具行业的活力——当时的出口以香港为窗口，依托西、北两江通江达海的优势，九江与香港贸易往来密切，九江人、九江酒与九江鱼，早已通过香港，联通世界。

也是在那一波出口潮中，一批九江制造的家具凭借高性价比走出国门，拥抱世界。

到2010年前后，九江家具产业高度聚集，业内人才汇聚，成为全国闻名的家具制造核心生产区。一直到目前，九江拥有超过1500家家具类企业。每年，数以百亿件的九江家具通过庞大的港口、物流网络，走向全球。

世界市场很大，行业空间无限。我始终认为，家具行业是一个传统产业，也是一个长青产业，只要有人、有家，就有家具，也就应该有“九江造”。

强村富民，烟南正道

阳光映照下，烟桥涌泛起粼粼波光，与岸边苍翠的古树、斑驳的古屋相映成趣，一步一景，处处如画，吸引不少游客前来打卡。

靠近龙高路的一边，烟南村呈现出另一派火热景象：九江临港国际产业社区开发建设如火如荼，从“马路经济”繁盛，到“临港经济”勃兴，烟南村的人气越来越畅旺，村民的生活更有奔头。

历经近600年沧桑，这条岭南古村依然充满着发展活力。作为烟南村发展的见证者与参与者，烟南村党委书记吴国宏深知，正是通过一次又一次抢抓发展机遇，积极拥抱产业变革浪潮，为烟南这片水乡引入了源头活水，让烟南走上强村富民的正道。

以下是吴国宏关于烟南村发展变迁的讲述：

一入烟桥，必行正道

在烟南烟桥村，烟桥正道是村中的中轴线，到烟桥村必行正道。和其他烟南村民一样，我从小就被长辈教导：做人做事要行正道！

“一入烟桥，必行正道”可以说是我们村世代相传的祖训。在我看来，这也是一股推动烟南村不断向前发展的信念力量。

我们村位于九江西北部，四面环水，是典型的岭南水乡。在20世纪80年代通公路前，烟南还是个纯农业村，经济比较落后。我还记得当时有句流行话，说的是：“烟南系（是）锅底地，有女都唔敢（不敢）嫁烟南。”

对于这样的揶揄，烟南人大多只能无奈笑笑。但很快，烟南就迎来了发展新机遇。

1996年，贯穿烟南的龙高公路全线开通，我们从此进入“马路经济”时代，迎来了一批小五金和家具企业，形成了村里的第一片工业区。

到2006年，又一个交通发展大机遇改变了烟南的命运。那一年，九江镇引入南鲲港码头落户西江边，并在南鲲港码头规划建设九江金属材料市场，烟南村进入规划范围，8个经济社被租用了近1600亩集体用地。得益于九江金属材料市场的发展，很多村民实现了“洗脚上田”，靠着出租物业和运营商铺，生活过得越来越红火。

坚持走发展的正道，很多时候是说起来容易，做起来难。近年产业迭代更新很快，九江金属材料市场粗放的经营模式很快适应不了发展需求，迫切需要“腾笼换鸟”。以南海全域土地综合整治改革为契机，我们积极配合政府工作，推动了征租结合、连片开发的改造模式，重新打造了九江临港国际产业社区，这个过程充满了艰辛与挑战。

还记得2021年，在九江临港国际产业社区烟南片区的土地征收工作中，就出现了一些不理解甚至反对的声音。作为村党委书记，我看到了烟南的光明前途，也要及时向村民展示这幅美好蓝图，凝心聚力，共同推动产业社区开发建设。

印象最深的是在2021年清明假期，我和全体村“两委”干部抓住大部分外出务工的村民和乡亲返乡这个关键节点，带领全体党员全面入户走访了解民意。广泛收集村民意见后，我们深入商讨，明确分工，责任到人，全村党员干部带头，着手化解利益矛盾，针对各个难点逐一击破。

得益于全过程充分的沟通，还有众多政策的支持和保障，村民们的积极性被充分调动起来。最终征收工作得到村民的普遍理解和支持。

遇见更美好的烟南

事后证明，所有的付出都是值得的。得益于临港国际产业社区的开发建设，烟南村的集体经济收入在2021年就整体增长了10%。

随后几年，随着一批优质项目陆续建成投产，我们的乡村振兴正道走得越来越顺畅。

在烟南的三条自然村中，南水以集体物业收租为主，烟桥以“文旅开发+养殖”为主，兴贤以养殖为主，三者各有侧重，各具特色。整体而言，九江临港国际产业社区对我们全村的物业租赁、商业发展发挥了明显的带动作用。

这体现在对人口的吸引上。几年间，我们村的常住人口从5700多人，增加到现在的8000多人，带动了村里的厂房、商铺、出租屋等物业租金在过去几年也实现了20%—30%的增长。近期，几家进驻到产业社区的企业还直接来到村委会，商讨租下村里整栋物业，用来作为员工宿舍。

产业升级，人气攀升，村里的环境也要好起来。我们以人居环境整治为契机，持续对村中基础设施进行完善提升，让水更清、岸更美，让古道、古树、古屋相得益彰，村中停车位从原来的约500个增加到900多个。

针对产业人才和年轻人的特点和需求，我们计划在2024年成立村集体企业，接下来将进行商业综合体和员工村开发，进一步发展壮大村集体经济，同时为“新村民”提供更完善的商住配套。

我们惊喜地看到，越来越多年轻人和创业者走进烟南村，盘活旧屋、巷道等物业空间，创办了咖啡店、简餐、艺术空间等新业态，以潮流的形式、专业的运营，让烟南的文旅产业更有烟火气，更能聚人气。

我们村已经有570多年历史，靠着产业迭代发展，如今的烟南风华正茂。作为烟南过去几十年飞速发展的亲历者，我最大的感受是，烟南的发展正道就是立足发展大局和自身优势，抢抓机遇，不断实现发展新突破，让村子强起来，让村民富起来。

我相信，在九江临港国际产业社区的发展大潮中，我们村在乡村振兴的正道上还会看见更美的风景，遇见更好的自己。

第十篇

乡

上

西江边的“追光者”

2024年除夕，96岁的周关文心迎来了一批特别的客人。由本地摄影爱好者组成的“晓·光圈”摄影团队走进她位于万寿街的家里，用镜头记录下四代同堂辞旧迎新的画面。伴随着贴挥春、挂灯笼、包角仔、酿鲮公等传统习俗在影像中呈现，九江老城区独有的年味得以在互联网上传播。

老街巷里，有故乡。万寿街作为九江老城区的主街，串起了九江老城的肌理，也串起了九江人的集体记忆。创作者们希望通过镜头，唤起人们对老街活化的关注，也通过镜头，表达对故乡的热爱。

有人用镜头记录，有人为九江的乡土文化保育鼓与呼。20多名九江乡土文化保育群成员用一年多时间，系统性地走访挖掘九江诸多历史文化遗产，并通过视频号推广传播，有效推动了万善堂修缮、九江传统制刀技艺申遗等文化保育工作。

无论是用影像记录，还是用脚步丈量，这些本土文化爱好者都在短视频时代，以自己的方式发出了九江声音。对于他们来说，记录本身也是一次重新认识家乡的过程。

凭着一腔热诚，他们找到了与故乡对话的方式，通过守护本土文化，寻找着心中的光亮。

用镜头记录
讲述不一样的九江故事

【几个人用两个月甚至更长时间去创作一条短片，在短视频时代，显然无法抓住流量密码。但比起流量，他们更希望用真实的镜头语言，传播一个更鲜活的九江。】

8月的九江迎来一年最闷热的天气，在户外待上几分钟，身上的衣服就被汗水浸透，李志东对此已经习以为常。连日来，他和伙伴们只要有空，就会来到三乡围、河清旧码头、海寿岛等地采风，为新一辑视频创作积累素材。

今年20岁的李志东已经有6年摄影经验，他更为本地人熟悉的是以“隔壁李叔叔”的网名，坚持记录传播九江。2021年，还在九江中学念书的他偶然刷到一条九中百年木棉树盛放的视频，被深深吸引。通过这条视频，他与作者陈秋荣结缘，利用寒暑假期和周末，参与了更多九江主题的视频创作。李志东后来才发现，被视频吸引的还有其他几位本地摄影爱好者，大家因为对九江共同的热爱，组成了“晓·光圈”团队，用镜头记录九江。

作为发起人，陈秋荣最早产生记录九江的想法是在2021年，受疫情影响，喜欢旅拍的他无法出游，便拿起相机，第一次打量起这座自己每天生活的小镇，从记录九江的自然风光开始，他通过独特的镜头语言，呈现了九江不一样的美，作品在网上收获了广泛好评和传播，这给他带来更多创作的乐趣。

为了更好地传播九江，在他的牵线下，越来越多人参与了进来。几年时间里，这群平均年龄30来岁的本地青年利用业余时间，累计创作了近40条短视频，主题涵盖了九江的自然风光、传统民俗、风土人情等。在他们的镜头下，呈现出一个鲜活生动的九江，满足了人们对于这座大江小城的想象。

在众多视频中，2021年拍摄的《鎏金》点击量最高。为了拍摄阳光洒满大地的精彩瞬间，团队连续蹲点了两个月，为了捕捉这两三秒的镜头，团队常常需要耗费两三个小时，积累了100多G的素材，最终剪辑出不到3分钟的视频，展现了一个闪闪发光的金色九江。

2024年入队的潘芊颖，正是被团队的专业精神所吸引。她最喜欢2023年夏天拍摄的《云端》，影片通过大量延时摄影，拍出了云朵倒影快速掠过九江大地的画面，广珠铁路化作宫崎骏动画中的小火车，穿行于西江上。为了呈现82秒的美景，团队成员顶着烈日暴晒，经历了中暑的艰辛。

记录真实，常常要冒一定风险。陈智豪印象最深的，是为了近距离记录璜矶社区舞火龙的热闹场景，他全程扛着镜头跟在队伍前，耳边不时响着烟花声和爆竹声，硝烟弥漫，让他有种战地记者的错觉。

几个人用两个月甚至更长时间去创作一条短片，这样的操作显然无法抓住流量密码，“性价比”并不高。但在团队成员看来，比起流量，他们更希望用真实的镜头语言，创作出能经受住时间考验的作品，讲好九江故事。

吴浩林经营一家文化传播公司，他认为与自己的日常工作不同，“晓·光圈”团队都是基于对九江的热爱而创作，因为没有利益考量，才能足够自由地进行表达，不计成本地付出。

他们的坚持成功收获了一批粉丝。一个个精品视频经由互联网传播，感动了网友，引起了广泛共鸣。

“结婚14年了，在九江认识相爱的。夫妻常常回想起在九江生活的点点滴滴，有机会还会回去看看的！”有网友在《鎏金》的评论区说道。

“两年前，我从深圳到九江璜矶创业，一来我就喜欢这里，就像我江苏老家的梦里水乡一样，到处是鱼塘、河流，更重要的是淳朴的人文。”在《鹭影》评论区，有外来创业者留言道。

一名老水兵在《阿契》中的留言最让人动容：“一河两岸扒龙船的情景，已印在脑海长达60多年。虽然我50年前就离开这小河畔，登上数千吨的军舰，奔驰在巨浪滔天的太平洋，但家乡扒龙船的气概一直激励我向深蓝挺进！”

用脚步丈量
打开与乡土文化对话的窗口

【念念不忘，必有回响。九江乡土文化保育群组成员的奔走呼吁让九江乡土文化被更多人看见，引起了广泛反响。2024年7月19日，九江万善堂修缮工作正式启动，这座百年慈善地标将焕发新生机。】

记录九江，传播九江，这成为“晓·光圈”团队共同的信念。这项源自热爱的工作，被赋予了更丰富的意义——他们希望通过自己的作品，为九江发声，向世界展示不一样的九江。

作为团队的校审，张静发现随着城市的发展与变迁，很多旧街景正在消失，传统的味道在慢慢变淡，为此她感到很可惜。只要有时间，她就会拿起相机，穿梭于九江的大街小巷，希望用镜头捕捉并保存属于九江的独特人文记忆。

她相信，记录是有力量的，能够唤起人们对老街旧居和传统文化的关注与热爱。为此，她还加入了九江文化保育群组，这是一个由20多位九江乡土文化爱好者组成的群组，有教师、有会计、有商人、有退休人员，每个人发挥各自的特长，互相分享文字、影像资料，通过举办展览、创作短视频等方式，为九江老街活化、乡土文化传承鼓与呼。

陈品良是群组的创立者，过去20年，他利用业余时间对九江乡土文化进行了扎实研究，成为群员中的“活字典”。但纸上得来终觉浅，他一直坚持，文化保育要有文献资料与实物相互印证，才能经得住推敲。

2021年，在他的牵头下，群员们通过实地走访，对九江本地历史文化遗产进行了系统性记录和甄别，在一年多的时间里，他们的足迹遍布九江每条街巷、每栋古建、每个门楼，记录下影像资料，挖掘建筑背后的历史脉络，为梳理九江历史积累了大量素材。

越是深入记录，他们越感到紧迫。“我们走访过某村居的镬耳屋，就因为地块出售被拆了。”陈品良表示，很多老建筑随着城市发展而消失，也有一些古门楼被人为改造后失去了原来的味道。对于哪些老建筑具有文化价值，需要有人去甄别并加以保护。

记录是为了更好地保护和传承。为了传播九江乡土文化，胡勇邦、黎美卿、朱家年等老街坊自费在万寿街开了旧物铺，专门用于展示各类九江旧物，其中包括了九江过去生产的蜡烛台、使用过的水车、旧地图、广告牌等，很多有着清晰的九江字样，是重要的历史佐证。

这些旧物大多由保育群内成员通过各种渠道收集回来。59岁的陈朝阳每天花费不少于五个小时，浏览全球各大二手网站，搜寻各类与九江相关的旧物，这成为他多年来养成的习惯。在他的藏品中，包括一批填补九江历史文化记录空白的珍贵物品。

其中有一张1948年的九江地图，上面清晰记录了70多年前九江各乡布局，之前没有公开展出过，他复制了几份，放在旧物铺中进行展示；另外还有一份1946—1949年的九江学校花名册，清楚记录了当时九江在读学生的名字及家庭信息，对梳理九江历史具有重要文献价值。

九江乡土文化保育群成员实地走访老建筑（梁平　摄）

除了开设线下展览，群员们还自发建立了视频号，打造了推广传播九江历史文化的线上窗口。

余健强一直坚持用九江话传承本地文化，由他和其他群员共同创作的《儒林靓靓有古讲》视频栏目，连续推出十几期介绍九江特色文化，当中包括九江万善堂发展历程、传统制刀工艺等鲜为人知的典故，呼吁加强相关历史文化的保护。

如何把枯燥的历史资料，以通俗易懂的方式进行传播，是保育工作的难点。2023年底，50岁的余学伟从零起步，创立了视频号“祠塘工作室”，学设计出身的他首次尝试运用AI技术对这些年收集到的文字、图片资料进行修复。

为了真实还原一组1939年和1949年的九江街景，他把街景中的每个人物截取出来进行优化，参考大量史料，还原了当时的衣服颜色、人物面部表情，让已经斑驳的老照片能够以更生动的方式呈现在互联网。

念念不忘，必有回响。九江乡土文化保育群组成员的奔走呼吁让九江乡土文化被更多人看见，引起了广泛反响，有效推动了传统文化的活化。

2024年7月19日，九江万善堂修缮工作正式启动，这座百年慈善地标将焕发新生机。“万善就是做一切善事，包括开展赠医施药、施衣施粥、赈粮赈灾、留医接生等善事活动。”在启动仪式现场，陈品良作为地情专家，介绍了万善堂历史。他表示，希望通过此次修缮，唤起大家心中对这份珍贵文化遗产的敬畏，并将这份慈善文化传承并发扬下去。

传承本土文化
了解越多热爱越深

【记录九江、传播九江的过程，也是一次加深对家乡了解的历程，他们得以重新审视脚下这片土地，感受独属于这方水土的人情味，故乡之于他们不再是一个抽象概念。】

有人选择用镜头记录，有人选择用脚步丈量。在九江，正是因为有着这么一群本土文化守护者，这座小城总能带给人感动与惊喜。

老城区承载了九江人的集体记忆（梁平　摄）

对于参与者来说，记录九江、传播九江的过程，也是一次加深对家乡了解的历程，他们得以重新审视脚下这片土地，感受独属于这方水土的人情味，故乡之于他们不再是一个抽象概念。

陈秋荣从小在城市里长大、念书，此前对于九江的了解并不多，甚至不会说九江话。通过视频创作，他对家乡的了解越多，热爱越深。他印象最深的是2022年春节，他和伙伴们以九江的特色地名串起了一系列祝福语，联系了10个村居40多个家庭创作了一条贺年短片，把九江的地名文化融入新年祝福中。

“当时因为疫情很多人没法回家，街头的年味也淡了许多，我们希望制作一条有九江特色的贺岁片，给大家鼓劲。”正是通过拍摄，陈秋荣第一次知道了九江的添丁路、发财巷、安宁里，了解到万寿街、万福街的来历。更让他感动的，是创作过程中街坊们都非常积极踊跃，“大家都希望能够为九江做点事”。

关皓津从小就在万寿街长大，对于老城区的变很有为感触：“小时候左邻右舍都很熟络，大家互帮互助，充满人情味。近年随着人口外迁，大量房子空置，老城没了人气。”

他一直有一个愿望，回到万寿老街，拍摄一条短片，就像小时候一样，能够听到家家户户电视机里传来《外来媳妇本地郎》片头曲的声音，夹杂着哭喊声，欢笑声，希望通过镜头再现老街的烟火气。

为此，他找到了小时候的邻居周关文心老太太，担任团队创作的新一年贺岁片《团年》的主角。视频记录了96岁的她在除夕这天为儿孙们包角仔、酿鲮公的场景。拍摄完成后，关皓津也品尝了周老太做的酿鲮公，找到了儿时的味道。他更希望通过视频，让更多人感受到老街巷的人情味。

不同于年轻人用镜头去记录和表达，更年长的余学伟对于文化传承有着更强烈的紧迫感和责任感。“年轻时没感觉，中年后会发现自己的身体流淌着九江的文化基因，我们有责任要把它反哺给现在的年轻人，让它一直传承下去。”

他从小就在华侨文化的浸润中成长，听了很多祖辈到海外谋生的故事，对其产生了浓厚兴趣。长大后他希望弄清楚九江人出海的历史脉络，却发现中间出现了几十年的记录断层。

为了补上这段空白，他查找了大量海内外资料，努力寻找着和九江历史有关的蛛丝马迹。在美国、欧洲一百多年前发行的报刊上，他发现了很多关于九江的新闻，从九江生产的生丝价格，到九江的地理地貌介绍等，这给他带来奇妙的体验，仿佛自己穿越了一百多年，与当时的九江进行了一场对话。

通过研究，他得以用不同的角度，重新审视自己从小生活成长的老街巷。在一次走访中，他走进了一栋小时候经常串门、如今已经空置的老房子，发现这里保存了民国时期的教科书，还有当年九江生产的丝绸、器具等物品；在一些侨房屋顶上，他发现了之前没人留意的字样，经过查证才知道这里原来是一家酒庄。

所有这些新发现，都让他感受到九江乡土文化的厚重，希望把自己的发现分享给更多人。

这种强烈的责任感也在驱动着陈品良。过去20年，他埋头于浩瀚的历史资料，整理了30多万字的九江乡土文化资料。他坚持认为，只有把保育工作基础做扎实，当机会来临时，才能更好地推动本地文化保护与传承。

近期，第四次文物普查在全国陆续铺开，陈品良也忙碌起来。他意识到这是一次难得的机会，希望通过自己的努力，让九江乡土文化被更多人看见。

下

此心安处是吾乡

黄喜明没想到，自己的无心之举，会成为庄园村一系列变化的开端。两年前，她和丈夫花了一个月时间精心设计，对村里的一所老房子进行“爆改”，成为村里最早的打卡点。

随后两年，在一群在地艺术人才的改造下，这座拥有500年历史的古村落意外“出圈”，昔日闲置的老房子被盘活，咖啡店、油画室、木工作坊、珐琅掐丝工作室、陶野工坊、简餐等新业态涌现，带旺了人气，激发了活力。

在九江95.25平方公里的土地上，点缀着27个村居社区，青砖灰瓦的古朴建筑，村头盘根错节的大榕树，屋旁潺潺的小河涌，不仅完整保留了岭南田园水乡的典型风貌，更寄托了九江人的乡愁，承载着地方文化的根与魂。

乡村兴，则九江兴。推动乡村振兴，更多九江人加入了进来。他们把对家乡的热爱转化为建设乡村的动力，以美学塑形，以文化铸魂，为乡村发展提供基本、深沉和持久的力量。

他们按照心中的理想描绘着家乡的样子：乡村并不意味着封闭、停滞不前，乡村同样可以开放进取、生机勃勃；这里不仅留得住人，更留得住乡愁，留得住关于故乡的一切美好。

一场美学行动，一次乡村复兴

【美学赋能乡村振兴，不仅要提升乡村审美水平，更重要的是创新表达方式，讲好乡村故事。】

每次来到庄园，都是胡雪颖最放松的时候。

2024年5月，她在村里的自助油画室正式开业，吸引了附近村民、学生、职工前来学习。艺术设计专业的她从事房屋装修相关的壁画、浮雕创作，日常工作繁忙，一直希望有一个能够让自己放空的地方。

油画室的开业实现了她的愿望。在庄园，胡雪颖利用业余时间教授周边居民如何用丙烯创作油画，为这座古村带来了艺术气息。

家住西樵山根，胡雪颖从小就在九江沙头附近长大。与庄园结缘，是从参与庄园村的美学改造开始，她与其他20来位本地艺术人才一起，用三个月时间，对庄园开展了整村规划、底色亮化、墙绘涂鸦、植物美学、旧物再造、陶艺手作、庭院活化等一系列创新实践，让村子焕然一新。

庄园村的改造是九江“乡村美学复兴计划”的一部分。2022年底，九江提出以美学设计优化城乡建设规划，重塑乡村风貌，推动人文经济发展。

九江镇乡村振兴办副主任徐雅是计划的召集人之一，她表示，乡村美学复兴计划的初衷是通过统一的规划改造改善村居环境，盘活乡村闲置资源，打造个性鲜明的乡村美学IP，增强发展活力。

为了招揽更多美学人才参与，九江专门建立了在地艺术人才库名录，面向社会公开招募。因为是志愿服务，徐雅最初对于报名情况心里没有底，但反响却出乎意料地热烈。她说：“两期招募累计收到100多份简历，除了九江本地，还吸引了西樵、顺德等周边地区的艺术人才参与，涵盖了美术、设计、书法、摄影、绿化等不同领域。”

随后，艺术人才深入走访了九江各村居，对九江乡村有了新的认识。黎小

改造后的庄园村成功盘活了一批老房子，引入了新业态（九江宣办供图）

清在九江经营一家画室，她不仅参与了庄园的墙绘创作，还组织了乡村美学培训，指导孩子们到庄园采莲藕、画国画，感受乡村之美。她曾到杭州求学，认为和江南相比，九江乡村完整保留了传统肌理和风貌，民风淳朴，呈现出独特韵味，也更具烟火气。

从事景观设计的张亮平更关注如何通过植物美学展示乡村的特点。他说："植物美学要结合不同村落的地理、环境等因素进行设计，要尊重乡村传统和生活习惯。"在沙头西桥，他发现明清时期曾经有专门的荔枝节，为了唤醒传统回忆，他建议村里重新种植一批荔枝树；在烟桥，看到村落被水环绕，他建议村里在观水平台种植蓝花楹等蓝系植物，到了开花时节会呈现一片蓝色海洋，与水文化更好地融合。

美学赋能乡村振兴，不仅要提升乡村审美水平，更重要的是创新表达方式，讲好乡村故事。九江乡村观察团成员陈荣彪认为，美化乡村环境，提升村容村貌只是第一步，要带动乡村发展，需要进一步挖掘乡村的个性特点和资源禀赋，把美学提升与乡村传统文化紧密结合起来。

他把这样的理念贯穿于对敦根社区的改造中。位于九江中部的敦根是一个典型农村社区，集体经济发展靠后。为了激活社区发展，陈荣彪主导推动了敦根一系列改造，充分利用东西运河和九江涌在敦根交汇的自然优势，沿着环村涌创作了一系列反映敦根特色文化的墙绘和雕塑，从敦根的起源，到本地生菜农业品牌历史、二月二扒龙舟习俗、结契文化、率先实施家庭联产承包责任制等，通过水道串联起来，打造出南海首个水上村史馆，以村史特色讲好敦根水文故事。

“每一幅画、每一个场景、每一座雕塑，都和敦根的历史密不可分，是敦根独有的个性东西，离开敦根就没有生命力了。”

陈荣彪认为，乡村的美、乡村的魅力体现在其与众不同的在地文化呈现出的差异化上，在地文化正是一个地区独有的历史与人文、经典与故事，这些元素或口口相传，或典籍记载，或散落坊间，需要用心去挖掘，用专业去梳理，再匹配合适的载体和形式去展现。

更多年轻人回来了

【在九江，乡土文化在与经济互动中得到活化，其价值正被重新发现，吸引更多优质资源进入，带动年轻人回到村里来，昔日沉寂的乡村，有了新生气。】

通过实施美学复兴计划，九江致力推动乡村面貌的提升，改善人居环境，从而吸引人口回流，解决乡村发展动力不足的问题。

过去几十年，随着城市化的推进，大量劳动力涌向大城市，寻找更大的发展机会。他们见识了大城市的繁华，不再囿于乡村单调的生活，人口的单向流动造成了城乡发展差距拉大，成为城乡发展不均衡的症结。

地处珠三角，九江的乡村同样面临人口流失的问题。以庄园村为例，全村

300多常住人口很大一部分居住在外，村里三分之一的住房处于闲置状态，日久失修，人气凋零。

对于村里的人口外流，璜矶社区党委书记潘锦辉提供了一组数字，璜矶社区户籍人口2400多人，但在村里过夜的只有不到1500人，以老人、小孩居多。“年轻人、青壮年是发展的希望，他们不愿意回来，村子就难有发展。”

2022年，潘锦辉成为社区党委书记，如何吸引人口回流，提升社区人气，成为他首要解决的问题。他把重塑乡土文化、提升村民的认同感和凝聚力作为破题关键。他说：“我们村的历史很多年轻一代是不知道的，一个没有历史的村是没有灵魂的，也没有归属感。”

为了重塑“乡魂”，2023年7月，他带领村“两委”干部成员通过实地走访，采访村里老人，对璜矶的历史文化进行了全面梳理。“‘璜矶’的由来与神话故事有关，意为横在西海上的大坝。”

在此基础上，潘锦辉致力推动村史馆的建设，让这些散落的历史文化故事得到更好的展示和传承，并与社区的最新发展规划紧密结合起来。

潘锦辉表示，虽然面积不大，璜矶却有着丰富的人文资源，东有鹭鸟天堂，南有威武火龙，西有护村炮楼，北有冠军龙舟。为了把这些优势资源整合起来，社区联合九江镇文旅公司加快了文旅线路设计，开发了鹭鸟天堂民宿，推动龙舟营地研学，2024年以来累计接待了超一万人次。潘锦辉表示：“接下来我们还将推动鹭鸟研学、四季耕读、环村水上游等一系列文旅项目，吸引更多村民参与进来。”

乡村文化是地方文化的根与魂。乡村文化振兴不仅是对传统文化的传承，也是对现代文明要素的融合。在九江，乡村文化在与经济互动中得到活化，其价值正被重新发现，吸引更多优质资源进入，带动年轻人回到村里来。昔日沉寂的乡村，有了新生气。

在庄园，美学赋能不仅带来了环境提升，还带动了“美丽经济”发展。在艺术人才的改造下，村里充分利用房前屋后的“三边五角地”建设成为特色“四小园”、小景观，发起旧物回收用来装扮房屋庭院，许多不起眼的残墙、破旧的院落，披上特色风物外衣，吸引了大批游客前来打卡，成功盘活了一批闲置房屋，发展出乡村美学新业态。

2023年9月，黄宗培从朋友分享的短视频看到庄园正在推动旧房子改造，于是到村子来实地考察，很快就决定租下三个相互连通的老房子，着手打造自己理想中的咖啡店。

黄宗培是一名室内设计师，平常喜欢到周边村镇游玩，寻找有特色的小店打卡。他一直有一个梦想，希望找到一个理想的空间，打造一家具有个人风格的咖啡店。“第一次来看，我就被这里的环境吸引了，老房子经过岁月打磨后散发出不一样的韵味，安静的乡村环境是理想中的样子。”

和很多年轻人一样，大学毕业后他选择了到大城市闯荡，在广州珠江新城从事平面设计工作，每天的忙碌工作让他倍感压力，“大城市的节奏很快，每天工作睡觉两点一线，感受不到生活气息”。他发现，近年来身边越来越多同龄人选择回到家乡发展，带动了一股乡村休闲游的风潮，这让他看到了回乡发展的更多可能。

随着庄园的“出圈”，水南社区正积极联动村中青年，发起青年回乡计划，越来越多像黄宗培、胡雪颖这样的年轻人回到村里，开设了咖啡店、油画室、木工作坊、珐琅掐丝工作室、陶野工坊、简餐、农场等新业态，找到了理想的生活方式。

在徐雅看来，这正是美学赋能的意义。通过盘活乡村的闲置资源，为年轻人提供更多的发展机会，让家门口创业成为可能。

是乡，是家
更是充满机遇的地方

【在思念的尽头，一群人把对家乡的热爱，转化为建设家乡的动力。对他们来说，乡村不只有乡愁，乡村同样可以生机勃勃，充满机遇。】

乡村是无数人的精神寄托，乡土文化是民族文化的重要组成部分，乡村振兴是中国式现代化的坚实支撑。对于九江人来说，乡村及其乡土文化，更是联

结海内外九江人的共同纽带，让九江人无论身处何方，都能找到家的方向。

在思念的尽头，一群人把对家乡的热爱，转化为建设家乡的动力。对他们来说，乡村不只有乡愁，乡村同样可以生机勃勃，充满机遇。

2008年，潘锦辉大学毕业后选择在广州创业，开了一家补习社，在大城市站稳了脚跟，但对家乡的牵挂始终萦绕心头。一次回乡观看龙舟赛的经历，让他感到很无奈，他发现来看比赛的观众都是上了年纪的村民，很少看到年轻人，这和他记忆中村里的热闹劲大相径庭。他作出一个重要决定：回到家乡，服务家乡。

毕业两年后，他抓住了九江镇统计中心招普查员的机会，回到镇里工作，成为第六届人口普查指导员，这让他得以对村里的人口现状进行更深入的调查。他发现，村里开会的只有三个年轻人，其他都是60岁以上的老人。后来，他主动申请回到村委工作，从那时起，就一直思考乡村发展的出路在哪里。

作为村委里唯一的年轻人，潘锦辉参与了村里方方面面的工作，从治保主任，到农业干部，再到人居环境整治，对村里的大小事务了如指掌，赢得了村民的信任。2022年，他成功当选为九江最年轻的村委书记，得以把自己多年的思考付诸实践，为璜矶制定了到2035年的规划图，一笔一画描绘着社区的未来。

和潘锦辉选择回到九江不同，几十年前从九江中学毕业后，陈荣彪的工作生活重心就一直在外地，但他始终关注九江的发展，把对家乡的热爱，转化成一种文化自觉。20世纪80年代末，他成为内地最早一批从事策划和传播行业的人，这么多年来他参与策划的改造项目遍布佛山和周边地区，他一直希望能够发挥自己的特长，为九江的文化传承作出贡献。

对敦根社区的改造是他的一次重要尝试，他希望为九江乡村振兴探索出更多可能。经过一年多的努力，敦根社区迎来了一系列喜人变化。陈荣彪认为这只是开始，就像写文章一样，要先把各段落大意呈现出来，再不断完善和丰富内容。他说："接下来要聚焦敦根独一无二的要素，导入经济实体，整合社区水产养殖、鱼花、抓泥鳅、生菜宴、龙船饭等乡村资源，通过实实在在的经济发展提升村民和集体收入，让村民更有获得感。"

艺术人才以“童梦庄园”为主题，推动美学赋能乡村振兴（九江宣办供图）

庄园的意外“出圈”超出了徐雅的意料，也更坚定了她把乡村美学复兴计划进行下去的信心。但她不认为改造能够一下子改变乡村的发展轨迹，这需要一个循序渐进的过程，要回归服务本地产业发展、服务居民生活的目标上来。“我们正在推动庄园周边的经济社进行连片改造，接下来会更多考虑如何服务第二产业，连接第一产业，要通过乡村美学来反哺产业发展，这样才更有生命力。”

自从两年前把私人工作室搬到庄园来，黄喜明经常会遇到前来打卡的“不速之客”。对于这些远道而来的客人，她总是报以热情，甚至会主动拿出水果和茶水招待。

作为土生土长的村民，黄喜明见证了庄园几十年的变化起伏：“小时候村里很热闹，家家户户都有小孩，大家一起玩很开心。后来随着年轻人外出发展，村里变得很安静。近两年通过改造，游客多了起来，村子又有了生气。”

对于村子的未来，她充满期待：“村子变化很快，几乎每天都会发现新事物，希望越来越好，能够有更多年轻人回到村里来。”

人物口述

“佮手佮脚”办好村里的事

“一条鱼”“一只鸟”“一艘船”，这是璜矶社区独特的资源禀赋，也是潘锦辉带领社区向前发展的密码。

乡村是九江发展的重要根基，也是潘锦辉梦想开启的地方。年少时，他和很多年轻人一样，怀着理想到大城市打拼。当他再次回到村里来时，却发现自己的家乡老了，年轻人的出走带来了空巢化，乡村失去了昔日的生机与活力。

潘锦辉明白，乡村振兴本质上是人的振兴，只有让年轻人回到村子来，才能带来发展的希望。他率先回到璜矶，用行动为家乡的发展谋出路。他坚信，乡村并不意味着破败，只要发展得当，这里同样可以成为年轻人的舞台。以下是他的讲述：

回到村里让我的内心更富足

2008年大学毕业后，我留在了广州发展，开了一家补习社，生活有了盼头。虽然从广州坐车回到九江要两个多小时，但只要有空，我都会回到村里去。作为村里为数不多的大学生，我一直希望能够为村里出一份力，比如村里举办龙舟赛，我就会客串做主持，就像自己从未离开过一样。

也是通过龙舟赛，我发现前来观赛的村民大部分都上了年纪，鲜少年轻人的身影，这让我心里很不是滋味，也第一次意识到自己的家乡正在变老。从那时候开始，我一直在思考自己能够为村子做点什么。

2010年，抓住九江镇统计中心招第六次人口普查指导员的机会，我回到镇里来工作。当时身边的人都很不理解，回来每个月工资只有1200元，比在广州的收入少了一大截。但对我来说，内心的富足比收入来得更为重要。无论如何，我终于回到了家乡，回到养育自己的土地。

没过多久，社区发出人事招聘，我通过组织考试选拔回到璜矶来，成为一名基层工作人员。农村工作远比想象的来得繁杂，当时办公室里只有三四个人懂电脑，我承担起主要的文书工作。最初负责办理居住证，白天需要入证，晚上需要逐家逐户去敲门巡查登记资料，每天只能睡几个小时。后来是“六好村居”的创建，同样需要收集和梳理各种资料。高强度的工作让我三个月时间就从132斤掉到119斤。

十几年的基层经验，我参与了村里的大大小小事务，从治保主任到水利、农业生产再到人居环境整治，也是这段经历，让我对璜矶的情况有了更深入的了解。

2022年9月，在村民的信任和支持下，我成为九江最年轻的社区书记，有机会为璜矶勾勒新的蓝图。

乡村要发展需要吸引人口回流，年轻人愿不愿意回来，取决于村里能否提供好的居住环境，能否有更多的就业机会，还有能否提升凝聚力。只要做好这三方面的工作，我相信璜矶一定能有好的发展。

在农村，无论是什么工作，都要得到村民的支持，才能事半功倍。为了广泛了解村民的想法，2023年我们在11个经济社轮番举行了“同声同气话治理，佮手佮脚兴璜矶”现场会，为村民共事共议搭建平台，同时也把村的发展思路传递给大家。

在此基础上，我们联动区、镇规划部门制定了璜矶的2035规划图，成为南海两个试点村居之一，规划图涵盖了商业、工业、农业等方方面面，为璜矶的发展指引了方向。

乡村振兴让更多年轻人回来了

在九江众多村居中，璜矶的历史并不算长，但却有很多独特的资源禀赋。这里有鹭鸟天堂、威武火龙、护村炮楼，还有培育出众多世界冠军的龙舟训练基地和深厚龙舟文化。如何盘活这些资源？我们从“一条鱼”“一只鸟”“一艘船”抓起。

“一条鱼”是指鱼苗孵化培育，早在20世纪90年代，璜矶社区就开始出现第一批鱼苗场。当时，市面上常见的乌鳢鱼苗只能长到两三斤重，肚子大、脂肪多，口感也不好，而我们从鱼苗研发和培育入手，打造出了山东公杂交鱼，不仅抗病毒能力强，而且生长到四五斤仍然可以保持细长身形。

为了进一步做大做强鱼苗培育产业链，我们不断改进技术，缩短鱼苗标粗周期，提升鱼塘单位产值，打造自己的鱼苗IP。2022年，璜矶的鱼苗总产量达到了21亿尾，1亩鱼塘的利润可以达到10万至20万元。产业的兴旺让更多村民看到了希望，十几位具有大专以上学历的年轻人主动回到村里来，成为养殖户，形成一支高素质的“新农人”队伍。

乡村要振兴，还需要有好的环境，“一只鸟”是衡量璜矶环境好坏的重要指标。良好的自然生态环境让数万只鹭鸟在璜矶栖息，形成了“鹭鸟天堂”，这是所有村民的共同财富。为了保护良好环境，我们建设了环绕鹭鸟天堂的环形水道，并投放鱼苗，在给鹭鸟充实“粮仓”的同时，消耗水体的有机肥，避免水体恶化。如今，鹭鸟栖息范围核心区的面积已经达到100亩，万鹭齐飞的美景成为“网红”打卡点。

良好的环境也为璜矶带来更多机遇，我们联同九江镇文旅公司，招商把一批旧房子改造成民宿，探索推出鹭鸟科研、四季耕读等项目，把自然禀赋转化为发展动力。

最后，我们还要做好文化的挖掘和传承，一个没有文化的村是没有灵魂的。为了让更多人了解璜矶的历史，我们进行了深入走访和挖掘，理清了社区的发展历史脉络，推动了村史馆的建设。

龙舟文化是凝聚全体村民的重要纽带，璜矶拥有世界级的龙舟训练基地，龙舟文化底蕴深厚，我们通过做好“一艘船”的文章，让龙舟赛事成为基层治理的重要抓手，更进一步擦亮龙舟文旅IP，推动龙舟研学，为璜矶的发展注入文化力量。

经过近年的一系列探索实践，璜矶的发展逐渐有了新气象。现在走在路上，年轻人的身影比我十几年前刚回来时多了很多，这是璜矶吸引力提升的体现，也让我们更加坚定信心，沿着既定的方向不断努力，佮手佮脚一起把村里的事情办好。

透过小光圈，遇见不一样的九江

如果故乡有色彩，会是哪种颜色？在陈秋荣的镜头下，家乡九江是绿色的，半城珠水半城绿，构成了最重要的生态底色；是金色的，夕阳下的岭南水乡处处波光粼粼，独具韵味；是五彩缤纷的，就像宫崎骏动画中的夏天，有蓝天白云，有虫鸣，还有“呜呜”驶过的绿皮火车。

通过镜头记录九江不一样的美，陈秋荣希望把自己的发现分享给更多的人。在他的牵头下，更多本地摄影爱好者加入进来，在几年时间里，利用业余时间创作了数十条九江精品视频，满足了人们对于故乡的所有想象，收获了广泛的自豪与感动。

对于从小在外成长的陈秋荣来说，记录本身也是不断加深认识家乡的过程。以下是他的讲述：

回到家乡，我的心安静了下来

2008年我在云南念完大学后，经历了一段就业的迷茫期。一次偶然机会，我看到了九江镇政府的招聘信息，于是和大多同龄人选择到大城市打拼不同，我成为少数回流的大学生之一。

虽然是九江人，但我从小就在佛山城区长大，对九江的印象只停留在逢年过节跟着父母回乡探亲，了解并不深。

回到九江后最初我也有过不适应，甚至感到失落。小城的生活单调乏味，远没有大城市来得精彩。为了打发时间，大学毕业两年后，我买了第一台单反相机，通过微博、QQ群认识了一些摄影爱好者，大家有时间就一起去采风，躁动的心慢慢安静下来。

最开始以拍照为主，后来Vlog流行起来，我也尝试着拍一些几十秒的短视频，以旅拍居多。真正开始记录九江，来自家人的鼓励。一次妈妈跟我说，最美的风景就在身边，不妨寻找一下家乡的美。

在她的提醒下，我开始认真打量起这座工作生活的小城，意外发现九江的景观不输于很多风景名胜，尤其是大江大河衬托下的日升日落，给人无限遐想。于是每天只要有时间，我就跑到璜矶、海寿、三乡围等地拍摄素材，能够找到不一样的角度，发现别人没注意的风景，成为最大的乐趣。

第一次意识到这项兴趣的价值，是2021年拍摄九江中学百年红棉盛放的短视频，发布不久后点击量突然就“爆”了，红棉树承载了一代代九中人的校园时光，勾起了他们的集体回忆，很多校友纷纷留言，为视频点赞。这给了我很大鼓舞，原来自己所做的事情是有受众的，能够得到别人的认可，让我有了更强的动力。

随着创作的增多，我也一直思考怎样才能讲好九江故事。除了这里的风光，我还希望记录这片土地上的人，记录他们奋斗的故事，展示这方水土的性格特点。个人的力量是有限的，幸好在九江，我找到了一群志同道合的好友，大家因为对摄影、对九江的共同热爱走到一起，组成了“晓·光圈”团队，开始了更多元化的创作。

2021年5月拍摄的《重逢》是团队成员的第一次合作，视频讲述了一个从小在吴家大院嬉戏的小女孩，长大后故地重游的故事。虽然没有对白，没有复杂的情节，但吴家大院高高的青砖墙、精美的墙雕、斑斓的海棠玻璃窗依然引起了很多九江人的共鸣，这座拥有130多年历史的文化地标承载了九江人的乡愁。

故事本身也诉说了我们几位成员的心路历程。作为土生土长的九江人，我们都有在外求学打拼的经验，后来因为各种原因选择了回到九江来，都经历了心态上的起伏，开始用更成熟的视角去审视家乡，审视自己与家乡的联系。

感动网友的，是奋进不息的九江精神

对我们来说，家乡不是一个抽象的概念，而是由熟悉的老屋、村前的大榕树、潺潺的河流，还有亲切的乡音构成。我们希望把这些记录下来，唤起更多人对九江的了解和热爱。

虽然大家都是利用业余时间参加创作，但我们拿出了100%的热诚，不计回报地投入，为了捕捉一个精彩的镜头，常常要蹲两三个小时；为了让视频达到电影的质感，我们也不断升级设备。很多镜头需要用无人机航拍，“炸机”是常有的事。为了近距离记录九江夕阳音乐会的烟火会演，我们操控无人机一头扎进了绽放的烟花。

很累很煎熬，但也很快乐。当一条成片出来后，能够得到网友的认可，又给了我们莫大的满足感。在一条记录九江中学舞蹈队日复一日排练的视频中，有网友留言说自己看着看着就感动哭了，这就是我们想传递的九江人奋进不息的精神。

视频创作也是我们不断加深了解九江的过程。为了更真实地记录九江的历史文化，在拍摄之前我们会进行大量背景资料的收集和考证，反复推敲文案。龙舟文化是九江重要的标签，也是我们最喜欢的题材之一。这几年我们陆陆续续拍了《起龙》《阿契》《龙抬头》等短视频，还有记录火龙文化的《同庆》，通过影像手段，真实还原了一系列具有九江特色的龙舟民俗活动。之前我只知道九江人龙舟扒得快，通过视频创作才第一次了解到这种厚重的龙舟氛围背后，有着一系列传统龙舟民俗文化作为支撑。

九江值得记录的文化还有很多，除了龙舟还有这里的凤艇，还有这里的酒文化、儒林文化、侨文化等等，给我们提供了丰富的创作养分。这些都是祖辈留给九江人的丰富遗产，我们希望发挥自己的特长，发出九江声音，让这座小城能够被更多人看见和认识。

在这么多视频留言中，我印象特别深的是一位本地网友说道，自己一直想好好地拍九江，发现已经有人在做了，而且做得很不错。这个世界有心人有很多，而我们是把愿望付诸行动的那个。